Bibliografische Information der Deutschen Nationalbibliothek:

Die Deutsche Bibliothek verzeichnet diese Publikation in der Deutschen National-
bibliografie; detaillierte bibliografische Daten sind im Internet über http://dnb.d-
nb.de/ abrufbar.

Coverbild: Ernst Hunsicker

Impressum:

Copyright © 2016 GRIN Verlag, Open Publishing GmbH
Druck und Bindung: Books on Demand GmbH, Norderstedt Germany
ISBN: 9783668368569

Dieses Buch bei GRIN:

http://www.grin.com/de/e-book/349887/das-halten-von-gartenhuehnern-eine-
dokumentation-in-wort-und-bild

Ernst Hunsicker

Das Halten von "Gartenhühnern". Eine Dokumentation in Wort und Bild

Gehege, Anschaffung, Versorgung, Pflege, Impfpflicht und mehr

GRIN Verlag

Ernst Hunsicker

Das Halten von „Gartenhühnern" –
Eine Dokumentation in Wort und Bild

Gehege, Anschaffung, Versorgung, Pflege, Impfpflicht und mehr

Vorwort

Ich stelle fest, dass die Haltung von „Gartenhühnern" zunimmt, was sehr zu begrüßen ist.

Bei der Haltung und Pflege von „Gartenhühnern" ist aber Einiges zu beachten. In Vorbereitung darauf sollte man/frau sich in der Fachliteratur und/oder im Internet kundig machen. Hühner sind Lebewesen, die gepflegt und umsorgt werden wollen – ja müssen.

Grundvoraussetzungen sind ein geeigneter Stall und ausreichend Auslauf außerhalb des Stalls (Hühnergehege). Bei der Planung und Umsetzung ist zu beachten, dass auch im Falle einer Aufstallung (z.Zt. Aviäre Influenza – „Vogelgrippe") ein rundum geschützter Auslauf zur Verfügung steht (Schutzvorrichtung), damit die Hühner über längere Zeit nicht nur im engen Stall gehalten werden müssen.

Der Stall – versehen mit Lichteinfall- und Belüftungsmöglichkeit – muss gegen Witterungseinflüsse (Feuchtigkeit, übermäßige Hitze, große Kälte) geschützt sein und in kurzen Abständen ausgemistet und frisch eingestreut werden.

Ein abwechslungsreiches Futterangebot ist die ideale Voraussetzung für die Gesundheit, das Wohlbefinden der Hühner und für die Legeleistung der Hennen. Optimal ist Bio-Futter (gentechnikfrei). Auf Legemehl kann – so meine Erfahrung – verzichtet werden.

Frisches Trinkwasser sollte an mehreren Stellen im Stall und im Auslauf angeboten werden.

Legehühner bevorzugen Gemeinschaftsnester.

Zu bedenken und zu beachten ist, dass die Hühner weitgehend vor Mangelernährung und Erkrankungen zu schützen sind. Dazu gehört auch die Impfpflicht gegen die Newcastle Disease (Newcastle-Krankheit, auch: atypische Geflügelpest).

Zu den Legehühnern gehört nach meinem Selbstverständnis auch ein Hahn. Ein Hahn, der zur Nachtzeit kräht, kann aber zu einem Problem werden, wenn sich empfindliche Nachbarn in ihrer Nachtruhe gestört fühlen.

Wer als Halter von kleinen Hühnerbeständen zumindest die Grundvoraussetzungen der Hühnerhaltung beachtet, der hat viel Freude an seinem Hühnervolk und darf sich – auch im Winter – auf leckere Eier von wirklich glücklichen Hühnern freuen.

Ernst Hunsicker   Bad Iburg, im Dezember 2016

Inhalt

Kapitel 1
Das Gelände / das Grundstück

Direkt hinter meinem Grundstück mit Wohnhaus in Bad Iburg befindet sich
nach Süden ein Grundstück (Flurstück 82 der Flur 9, Größe 737 m$^{2)}$), das
1989 versteigert wurde und das ich bei einem Zuschlag von 4.020,00 DM
ersteigern konnte. Also ein Schnäppchen.

Amtsgericht Bad Iburg
— Zwangsversteigerung —
Im Amtsgericht Bad Iburg, Schloß, Saal 10, sollen am **26.10.1989,
10.30 Uhr,** zwei in 4505 Bad Iburg, „Am Rott", gelegene unbebaute Grundstücke, nutzbar als Grünfläche, zur Zeit Birken-Wildwuchs: a) Flurstück 82 der Flur 9 zur Größe von 737 m^2, Verkehrswert: 8844 DM, b) Flurstück 83/1 der Flur 9 zur Größe von 639 m^2, Verkehrswert: 7668 DM, versteigert werden. — 6 K 6/89 — Erteilung des Zuschlags bei Geboten unter 5/10 des Verkehrswertes ist möglich.
Auskünfte über die Versteigerungsbedingungen erteilt Rechtspfleger Wingbermühle.

Quelle: Neue Osnabrücker Zeitung vom 09.10.1989

Auf dem Grundstück – laut **Zwangsversteigerungsanzeige „nutzbar als
Grünfläche, zur Zeit Birken-Wildwuchs"** – befand sich wirklich nur
Wildwuchs. Ich habe dieses Grundstück erworben, weil ich eine spätere
Bebauung befürchtete. Eine diesbezügliche Anfrage bei der Stadt Bad
Iburg im Jahr 1997 ergab jedoch (Auszug):

*„Nach den rechtskräftigen Festsetzungen ist eine Bebauung nicht vorgese-
hen (Fläche für die Landwirtschaft)."*

Dieses Grundstück habe ich weitgehend unbewirtschaftet gelassen – aller-
dings mehrere Bäume (Wildwuchs an Birken, Weiden, Wildkirschen und
Erlen) gefällt und zu Kaminholz verarbeitet, um danach junge Obstbäume
(Apfel, Süßkirsche) zu pflanzen.

Später entstand auf diesem Grundstück für meinen Enkelsohn Marvin,
*2001, ein Spielhaus mit Rutsche. Die Einzelteile habe ich in Baumärkten
erworben und dann über Wochen „zusammengezimmert".

Wegen der eingeplanten Rutsche musste ich das Spielhaus auf Pfähle setzen.

Foto: August 2004

Spielhaus mit Rutsche im „Rohbau" und Enkelsohn Marvin

Foto: 2006

Fertiggestelltes Spielhaus mit Rutsche

Kapitel 2
Die Idee und das Hühnergehege

Mein Enkel Marvin wurde größer und größer – das Spielhaus mit Rutsche war nicht mehr interessant. Da ich früher schon einmal Hühner auf diesem Grundstück gehalten habe, kam mir die Idee, dieses Spielhaus nach und nach zu einem Hühnerhaus (Hühnerstall) umzubauen, um dann nach Fertigstellung wieder Hühner anzuschaffen.

Zunächst habe ich dem werdenden Hühnerhaus einen neuen Anstrich „verpasst", aus Sicherheitsgründen eine weitere Stütze gesetzt und einen kleinen Auslauf angebaut. Dieser kleine Auslaufbereich ist mit PVC-Lichtplatten überdacht bzw. befindet sich direkt unter dem Hühnerhaus. Im Falle einer „Vogelgrippe" haben die Hühner einen zwar kleinen – aber völlig überdachten – Auslauf und müssen nicht im engen Stall gehalten werden.[1]

Vogelgrippe: Beschreibung
Unter Vogelgrippe verstehen Experten eigentlich ganz allgemein eine Tiererkrankung durch Vogel-Influenzaviren. Sie wird auch als aviäre Influenza oder Geflügelpest bezeichnet, und betrifft meist Hühner, Puten, Enten etc. Verursacht wird sie von Influenza A-Viren. Die Vogelgrippe ist für den Menschen eigentlich nicht infektiös. Bislang haben sich nur wenige durch sehr intensiven Kontakt mit Geflügel angesteckt, beispielsweise durch enges Zusammenleben mit den Tieren.
In den Schlagzeilen der letzten Jahre traten in diesem Zusammenhang vermehrt Bezeichnungen wie H7N9, H5N1 oder H7N2 auf. Damit wird der auslösende Virustyp näher bezeichnet. Denn Influenza-Viren tragen bestimmte Eiweiße auf ihrer Oberfläche, die für sie charakteristisch sind. Dazu gehören Hämagglutinase (kurz H) und Neuraminidase (kurz N). Mithilfe dieser Proteine können sie den Organismus, den sie befallen, schädigen. Bisher sind 16 verschiedene Hämagglutinasen und 9 verschiedene Neuraminidasen bekannt. Nach der Zusammensetzung der Proteine, die die Viren auf ihrer Hülle bilden, werden sie auch benannt.

---

[1] **Ein Neubau für die Hühner** – … Im Laufe der Zeit hat unser Hühnerzelt doch etwas gelitten – Sturm und Eis haben es ziemlich ramponiert. Außerdem ist so ein überdimensionales Plastikzelt im Garten wirklich keine Augenweide. Ein solider Hühnerauslauf mit fester Überdachung – **wegen der Geflügelgrippe** – musste her. Kurzerhand hat mein handwerklich talentierter Ehemann einige Bretter, Zaunmaterial und eine Plastiküberdachung im Baumarkt gekauft. Mit der mentalen Unterstützung der gesamten Familie fabrizierte er in nur 2 Tagen diesen soliden, geräumigen Hühnerauslauf. Ich bin begeistert!, URL: http://www.honeyfarm.de/tag/ueberdachung/.

Bei den Vogelgrippe-Subtypen unterscheiden Experten, ob sie bei den betroffenen Vögeln schwere Krankheiten auslösen (hochpathogen) und oder nur leichte Symptome verursachen (niedrigpathogen). Ein niedrigpathogenes Vogelgrippe-Virus ist beispielsweise H5N3. Bisher sind keine Erkrankungen von Menschen an diesem Typ bekannt.[2]

Auch ansonsten ist für den Fall einer „Vogelgrippe" vorgesorgt: Der kleine Auslauf ist engmaschig gegen das Eindringen von Wildvögeln (und „Räubern") gesichert – selbst ein Zaunkönig hätte keine Chance.

Weitere Ausführungen zur „Vogelgrippe" unter Kapitel 9 – Ausbruch der „Vogelgrippe", Impfpflicht gegen die Newcastle Disease.

Auf dem Foto (Folgeseite) sind am Hühnerhaus und im kleinen Auslauf zu erkennen:
- Ein Fenster mit dahinter angebrachter Klappe, die über einen Seilzug stufenlos verstellt werden kann (Lichteinfallsteuerung).
- Eine Klappe (rechts unten) hinter der sich ein großes Legenest befindet, das zwei Hühnern Platz bietet (Gemeinschaftsnest[3]). Die Eier können so bequem von außen aus dem Legenest entnommen werden.
- Eine Regenrinne mit Fallrohr als Wasserzulauf für eine Tränke (Terracotta Blumenkasten aus Steingut, Entwässerungsöffnungen sind mit Beton abgedichtet). Der Wasserzulauf kann im Falle einer „Vogelgrippe" unterbunden werden.
- Eine Syphontränke aus Kunststoff (30 l), die auch für „Notzeiten" ausreichend Trinkwasser vorhält.
- PVC-Lichtplatten zur Abdeckung des kleinen Auslaufs.

---

[2] *Net*Doktor, URL: http://www.netdoktor.de/krankheiten/vogelgrippe/ (Von Mareike Müller, Ärztin).
[3] **Die Hühnerhaltung | Die Legenester für die Hühner** … Will man die Hühner nur der Eier wegen und nicht zur Zucht halten, bieten sich Gemeinschaftsnester an, da Hühner gern zusammen in einem Nest sitzen. Diese Nester müssen ausreichend abgedunkelt sein. Trockene Einstreu aus Spreu, Stroh oder Heu sollte verwendet werden. Darin bleiben die Eier sauber. Farnwedel können zur Einstreu verwendet werden. Sie halten aufgrund ihres Geruches Parasiten fern. Die Einstreu sollte regelmäßig ausgetauscht werden und der Nestboden gereinigt, hin und wieder auch desinfiziert. … , URL: http://www.dein-bauernhof.de/die-legenester-fuer-die-huehner/index.html.

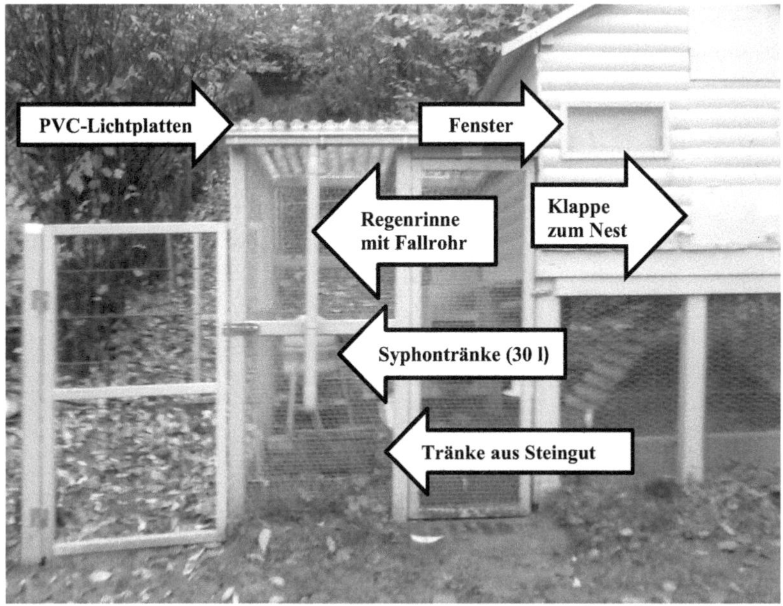

Foto: November 2016

Nordseite Hühnergehege

Am Hühnerhaus (Südseite) befinden sich zwei Klappen, und zwar
- eine Entmistungsklappe und
- eine Belüftungsklappe mit Seilzug.

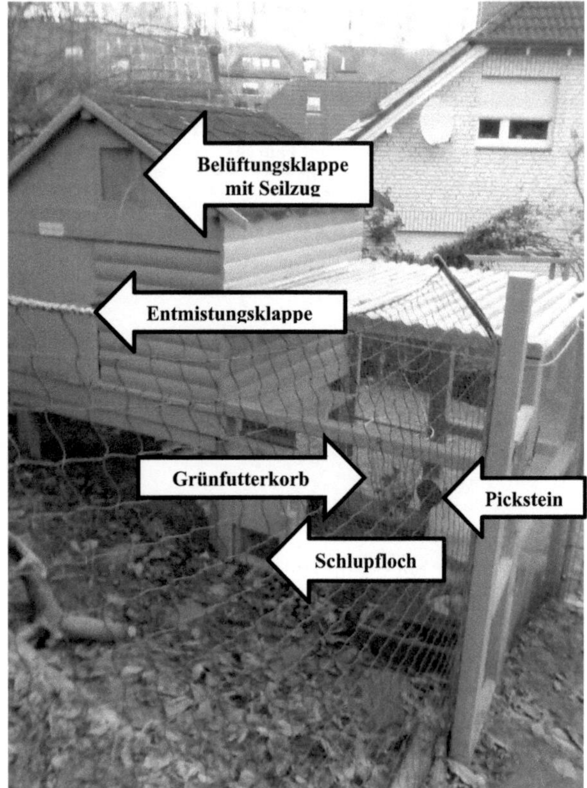

Foto: November 2016

Südseite Hühnergehege

Die Belüftungsöffnung ist von innen mit Maschendraht gegen das Eindringen „ungebetener Gäste" gesichert. Die Klappe kann ganz geschlossen, aber auch stufenlos über einen Seilzug verstellt werden.

Im kleinen Auslauf halte ich für die Hühner weiter vor:
- einen Futterautomaten aus Kunststoff (Inhalt ca. 6 kg),
- einen Grünfutterkorb,
- einen Pickstein für Geflügel (2 kg),
- zwei Sepiaschalen als zusätzliche Kalziumquelle.

Der Futterautomat ist so aufgehängt, dass kein Regenwasser das Futter negativ beeinträchtigen kann. Bei hoher Luftfeuchtigkeit rutscht das Futter nicht ausreichend nach, was aber durch leichtes Schütteln erreicht werden kann. Die Hühner haben auch schon festgestellt, dass mit einem Tritt gegen den Rand des Automaten Futter nachrutscht. Von wegen „dumme Hühner".

Den Stallboden, der aus dicken Holzbohlen besteht, habe ich zunächst mit Teerpappe isoliert, darauf Kaminbleche gelegt und diese mit Holzschrauben befestigt.

Zusätzlich ist der Stallboden mit Schuhabtropfschalen (gibt es beispielsweise in Baumärkten) ausgelegt, die als Kotschalen dienen. Die Kotschalen werden mit Holzhäcksel (Holzhackschnitzel), das ich selbst aus Ästen gewinne, und Sägespänen (aus einem Zoofachgeschäft) gefüllt.

Foto: Oktober 2016

Aus- bzw. Einstiegsluke mit „Fallklappe" (links im Bild)

Von unten führt eine Hühnerleiter in das Hühnerhaus. So konnte ich erreichen, dass die Hühnerleiter nicht zu steil angestellt werden musste und zusätzlich für die Schallisolierung von Bedeutung ist/war (vgl. „Kapitel 7 – Der krähende Hahn"). Die Aus- bzw. Einstiegsluke kann durch eine „Fallklappe" (links im Bild) von außen per Seilzug und auch von innen geschlossen werden.

Foto: August 2016

Futterautomat im Hühnerstall,
befestigt an der Innenseite der Entmistungsklappe

An der Innenseite der Entmistungsklappe habe ich einen Futterautomaten (Inhalt ca. 7 kg) mit Flügelschrauben befestigt. So kann der Futterautomat leicht gefüllt, aber auch entnommen und gereinigt werden.

Der Futterautomat ist nach oben mit einer aufklappbaren und schräg angesetzten Plexiglasscheibe abgedeckt. Dadurch wird verhindert, dass sich die Hühner auf den Rand des Futterautomaten setzen und in das Futter koten.

Im Innenraum des Hühnerhauses befinden sich:
- eine Sitzstange (4,4 x 4,4 cm mit abgerundeten Kanten, auswechselbar) für maximal sechs Hühner,
- ein Geflügel-Tränkeeimer mit drei Tränkenippeln (12 Liter, hängend),
- ein Legenest, in dem zwei Hühner nebeneinander Platz haben (Gemeinschaftsnest), und
- ein Futterautomat (Inhalt ca. 7 kg).

Foto: September 2016

Hahn und drei Hennen im Hühnerhaus nach der Anschaffung

Zu erkennen sind die Sitzstange, das Legenest und Schuhabtropfschalen (angefüllt mit Holzhäcksel und Sägespänen), die als Kotschalen Verwendung finden.

Im Legenest (Gemeinschaftsnest) befindet sich nicht nur Stroh (aus dem Zoofachhandel). Ich lege auch noch ein bis zwei Farnwedel in das Nest, weil so Parasiten ferngehalten werden.[4]

Der Hahn hat eigentlich nichts im Nest zu suchen. Vielleicht zeigt er sich nur interessiert und „begutachtet", ob das Nest den Wünschen seiner Hennen entspricht.

---

[4] **Die Hühnerhaltung | Die Legenester für die Hühner**, … Farnwedel können zur Einstreu verwendet werden. Sie halten aufgrund ihres Geruches Parasiten fern. Die Einstreu sollte regelmäßig ausgetauscht werden und der Nestboden gereinigt, hin und wieder auch desinfiziert. … , a.a.O.

Foto: November 2016

Zwei Hennen im Gemeinschaftsnest

Foto: November 2016

Runder Futterautomat im kleinen – vor Regen geschützten – Auslauf

Direkt unter dem Hühnerhaus befindet sich ein Gemisch aus trockenem Sand, Kaminasche und Holzhäcksel. Hier nehmen die Hühner gerne ihr Sandbad.

Foto: November 2016

Hühner im Sandbad –
Sand durchsetzt mit Kaminasche und Holzhäcksel

Kapitel 3
Die Anschaffung der Hühner und zu beachtende Formalitäten

Obwohl ich ja schon einmal Hühner hatte, habe ich mich intensiv mit der Haltung dieser Tiere beschäftigt.[5]

So konnte ich lesen, dass Sussex Hühner für Anfänger besonders geeignet sind. Außerdem gefallen mir diese Tiere vom Aussehen her.

Sussex Hühner – Farbschläge und Legeleistung

Bei den Sussex Hühnern handelt es sich um eine Zwiehuhn– beziehungsweise Zweinutzungsrasse, die um 1800 in England gezüchtet wurde. Damals lag der Fokus rein auf den Eigenschaften als Nutztier: Sowohl auf einen guten Fleischansatz als auch auf die Legeleistung legte man Wert.

Doch die Sussex konnten nicht nur als Masttiere oder Eierlieferanten überzeugen – auch ihr harmonisches Äußeres und ihr sanftes, freundliches Wesen ließen Züchterherzen höher schlagen. Und da die Hühner auch keine allzu großen Ansprüche an die Haltung stellen (sie sind keine begeisterten Flieger und darüber hinaus recht witterungsbeständig) gelten sie heutzutage als ideale Anfängerhühner und als beliebte Haustiere.

Die drei bis vier Kilogramm schweren Hähne und bis zu drei Kilogramm schweren Hennen gibt es zudem in sechs anerkannten Farbschlägen. Die zulässigen Farbschläge gemäß des Bundes Deutscher Rassegeflügelzüchter (BDRG) sind: Gelbcolumbia, Grausilber, porzellanfarbig, Rot, Weißschwarzcolumbia, Wildbraun.

Weiterhin gibt es auch eine Zwergform von den Sussex, die ebenfalls mit sechs verschiedenen Farbschlägen aufwarten kann.

Aufgrund des üppigen Gefieders, der breiten Brust und der hohen Legeleistung könnte man meinen, die Sussex seien hervorragende Brüter. Allerdings gibt es viele Rassen, die besser als Glucken agieren. Ist die Sussex-Henne jedoch einmal brütig – was nicht allzu häufig vorkommt – kümmert sie sich fürsorglich und gewissenhaft und ihre Eier und ihre Küken.[6]

Bei mir „landen die Hühner nicht auf dem Teller", zumal ich seit ca. zehn Jahren vegetarisch lebe.

---

[5] Literatur: *Baumeister, Michael/Meyer, Heinz*, Geflügelhaltung als Hobby ..., FALKEN Verlag Niedernhausen; weiterhin: Recherchen im Internet einschl. Foren.
[6]   Deine-Tierwelt.de,   URL: http://magazin.deine-tierwelt.de/sussex-huehner-farbschlaege-und-legeleistung/.

In einem Landhandel konnte ich in Erfahrung bringen, dass ein Geflügelhof dort im Abstand von 14 Tagen erscheint und Hühner verschiedener Rassen zum Kauf anbietet. Es handelt sich laut Werbeflyer um „Qualitätsgeflügel aus Bodenhaltung".

Ich habe mich für **vier Legehennen** und **einen Hahn** entschieden. Einen Hahn deshalb, weil ich gelesen habe, dass manche Katzen bzw. Kater Hennen angreifen, aber vor Hähnen zurückschrecken.

„Bin ratlos :(Mein Kater reisst Hühner !!!!
von flöhchen » 01.02.2007 11:37
Zuerst möchte ich alle hier begrüssen, bin neu hier und komme aus der schweiz und habe ein riesen problem mit meinem 2 järigen Kater Floh, eigentlich ist unser Floh ein ganz toller Kerl, doch hat er angefangen nachbars hühner und die hühner in unserer umgebung entweder zu jagen, zu rupfen oder sogar tode zu beissen. Bin froh um jeden nützlichen rat... und möchte mich vorab schon bei euch allen bedanken. Flöhchen"[7]

Hähne können die Hennen auch vor anderen „Räubern" schützen.

„Frage von regenbogentau, 19.03.2010 205
katzen und hühner im auslauf?
hallo kann ich katzen und hühner im gleichen auslaufgehege halten???

Antwort von Snake9, 20.03.2010
Bei uns läuft alles frei rum und kann sich ausweichen wenn es will - an meine Hühner trauen sich auch Füchse nur sehr begrenzt. Einer hatte sich mal in den Hühnerstall gewagt und es bitter bereut (ich Oberdussel hatte vergessen dicht zu machen) - der Hahn hat ihn ziemlich übel zugerichtet dem ganzen Blut nach zu urteilen - meine Huhnies hatten ein paar Federn weniger aber nicht einen Kratzer (ich weiss es genau, hab sie nachts noch gewaschen und genau kontrolliert). Die einizigen die bei mir Angst haben sind die Nachbarskatzen die sich nur sehr vorsichtig übers Grundstück trauen. Naja und tagsüber sorgt auch noch ein ziemlich bissiger Wachganter für Ruhe – seit er da ist traut sich eigentlich fast nichts fremdes mehr über´s Grundstück"[8]

---

[7] URL: http://www.katzen-album.de/forum/viewtopic.php?t=6957.
[8] URL: http://www.gutefrage.net/frage/katzen-und-huehner-im-auslauf.

Auf meinem Grundstück halten sich mit Vorliebe Katzen/Kater aus der Nachbarschaft auf. Außerdem gehört nach meinem Selbstverständnis zu den Hennen auch ein Hahn.

Am 22.08.2016 bin ich mit zwei Kartons zu diesem Landhandel, der einen guten Kilometer von meinem Haus entfernt liegt, gefahren. Der Hühnerhändler erschien auch pünktlich und ich erhielt vier Sussex Hühner (Legehennen), die nach Auskunft des Händlers zu dem Zeitpunkt 22 Wochen alt waren und in Kürze mit dem Legen beginnen würden.

Ein Sussex Hahn war noch nicht im Angebot, sodass ich mich für einen Hahn der Rasse „Blausperber" oder „Deutscher Sperber" entschied. Ich glaube, dass es sich eher um einen Hahn der Rasse „Deutscher Sperber" handelt. Das war für mich aber auch nicht so wichtig.

Deutscher Sperber

Der Deutsche Sperber ist eine Hühnerrasse, die durch ihr auffällig geschecktes Federmuster auffällt. Den Namen verdankt sie dem Sperber, da dieser Greifvogel auch eine ähnlich gescheckte Brustmusterung besitzt. Diese Rasse wurde von der Gesellschaft zur Erhaltung alter und gefährdeter Haustierrassen (GEH) zur „Gefährdeten Nutztierrasse des Jahres" 2012 erklärt. …
Die Hähne wiegen zwischen 2,5 kg und 3 kg, die Hennen zwischen 2 kg und 2,5 kg. [...] Der Deutsche Sperber gilt als Wirtschaftsrasse mit guter Fleischleistung und einer Legeleistung von etwa 180 (bis max. 230) Eiern pro Jahr. Das weiße Fleisch ist von ausgezeichneter Qualität. [...] Sie verfügen über einen schwach ausgeprägten Bruttrieb und werden als robust, frühreif und frohwüchsig bezeichnet. Die Ringgröße des Hahns ist 20, die der Henne 18.
Die Hühnerrasse gilt als lebhaft und zutraulich. Deutsche Sperber sind gute Futtersucher, wenn sie ausreichend Freilauf haben, und fliegen nur wenig.[9]

Für die Hennen und den Hahn habe ich insgesamt 40,00 € bezahlt (je Tier 8,00 €).

---

[9] Deutscher Sperber – Wikipedia, URL: https://de.wikipedia.org/wiki/Deutscher_ Sperber.

Über den Kauf erhielt ich folgende Bescheinigung:

Wichtig ist der **Hinweis „Letzte Pest-Impfung: 12.07.2016, Nachimp-fung 3 Monate später"**.

Foto: August 2016

Hahn und vier Legehühner kurz nach der Anschaffung –
auf der Wiese vor dem kleinen Auslauf

Eine wahre Hühneridylle, die aber nicht von langer Dauer war (Kapitel 7 –
Der krähende Hahn).

Formalitäten:

Ich habe den Hahn und die Hennen ordnungsgemäß angemeldet, woraufhin ich einen Bescheid und eine Mitteilung erhielt:
- Bescheid über die Beiträge zur Tierseuchenkasse 2016 (Erstmeldung vom 02.09.2016) von der Niedersächsischen Tierseuchenkasse, Hannover, mit der Aufforderung, den Mindestbeitrag von 10,00 € zu entrichten,
- Mitteilung der Vereinigten Informationssysteme Tierhaltung w.V. (vit) – Regionalstelle im Herkunftssicherungs- und Informationssystem Tier (HI-Tier), Verden (Aller), zwecks Meldung im zentralen Betriebsregister.

So sehen der Bescheid und die Mitteilung aus (Ausschnitte):

TSK-Nr.: 2123101		Hotline	Datum
Reg.-Nr.: - - -		(0511) 70156-70	06.09.2016

Bescheid über die Beiträge zur Tierseuchenkasse 2016 (Erstmeldung vom 02.09.2016)

Sehr geehrter Herr Hunsicker,

gemäß der Satzung über die Erhebung von Tierseuchenkassenbeiträgen für das Jahr 2016 werden Sie als Tierbesitzer(in) zu den Beiträgen zur Tierseuchenkasse herangezogen.

Aufgrund Ihrer Erstmeldung vom 02.09.2016 wird nachfolgender Beitrag festgesetzt:

Tierart	gemeldete Tiere	Beitrag pro Tier (Euro)	zu zahlender Beitrag (Euro)
Legehennen / Junghennen	5	0,0428	0,21
Fälligkeit: 23.09.2016	aktueller Beitrag gesamt:		(Mindestbeitrag) 10,00
	zu zahlen für 2016 :		10,00

Der Betrag in Höhe von 10,00 Euro wird mit der SEPA-Lastschrift zur Mandatsreferenz B2123101A zur Gläubiger-ID DE40TSK00000775346 von Ihrem Konto IBAN DE04 2655 0105 0006 1568 06, BIC NOLADE22XXX (Sparkasse Osnabrück), zum 23.09.2016 eingezogen. Bitte prüfen Sie die Bankverbindung und sorgen Sie für ausreichende Kontodeckung, um einen reibungslosen Ablauf zu gewährleisten.

Der Mindestbeitrag für jeden Beitragspflichtigen beträgt 10,00 Euro.

Rechtsbehelfsbelehrung

Gegen diesen Bescheid kann innerhalb eines Monats nach Bekanntgabe Klage beim Verwaltungsgericht Osnabrück, Hakenstraße 15, 49074 Osnabrück erhoben werden. Die Erhebung der Klage hebt die Zahlungsverpflichtung zum Fälligkeitstag nicht auf, da die Klage gemäß § 80 Abs. 2 Nr. 1 Verwaltungsgerichtsordnung (VwGO) keine aufschiebende Wirkung entfaltet.

Mit freundlichen Grüßen
Ihre Niedersächsische Tierseuchenkasse
(Der Bescheid wurde automatisch erstellt und ist auch ohne Unterschrift gültig)

Mitteilung Ihrer Registriernummer und gemeldeter Betriebstypen

Sehr geehrte Damen und Herren,

| für den Betrieb/ Halter | 03 459 004 0133 Ernst Hunsicker |
| mit Betriebsstätte/ Standort | Rottstr. 35 B 49186 Bad Iburg |

sind die in der nachfolgenden Tabelle aufgeführten Betriebstypen (gehaltene Tierarten, Produktionszweige, Funktionen usw.) im zentralen Betriebsregister gemeldet:

Betriebstyp	Nr. des Typs	Gültig seit	Anlage
Geflügelhaltung	125	01.01.2015	

Sollten Angaben nicht zutreffen, so informieren Sie bitte unverzüglich das für Sie zuständige Veterinäramt des Kreises / der kreisfreien Stadt. Bitte teilen Sie dort auch einen von der oben genannten Betriebsstätte abweichenden Standort der Tierhaltung mit. Darüber hinaus sind auch weitere Änderungen, z.B. die Aufgabe einer oben genannten Tierhaltung, dem Veterinäramt sofort mitzuteilen.

Mit freundlichen Grüßen

vit w.V.

Zu den mit (X) markierten Betriebstypen erhalten Sie anliegend weitere Informationen.
(I) Anlagen erhalten Sie informationshalber.

Namensgebung

Geplant war, dem Hahn und den Hennen Namen zu geben, und zwar:

- „Putin" für den Hahn.
  Schon nach kurzer Zeit stellte ich fest, dass sich „Putin" sehr sorgsam um seine Hühner kümmerte, ihnen besonders leckeres Futter überlies und auch ansonsten sehr friedlich war. Deshalb habe ich ihn in „Gockel" umgetauft.
- „Lady Gaga" (Vorschlag meines Enkels Marvin, inzwischen 14 Jahre alt),
- „Lollo" (in Anlehnung an Gina Lollobrigida),
- „Tina" (in Anlehnung an Christina María Aguilera) und
- „Donna" (in Anlehnung an Madonna Louise Veronica Ciccone).

Aber daraus wurde nichts, denn alle vier Hennen sehen sich sehr ähnlich und sind nicht wirklich zu unterscheiden.

Kapitel 4
Die Futterstellen, das Futter und die Tränken

Wie bereits vorstehend ausgeführt, befinden sich Futterautomaten und Tränken im Stall und zusätzlich im kleinen Auslauf. So ist sichergestellt, dass die Hühner auch mal für ein paar Tage ohne mich auskommen können. Allerdings kümmert sich jemand, entnimmt insbesondere die Eier aus dem Legenest und prüft, ob die Futterautomaten funktionieren und frisches Wasser nachgefüllt werden muss.

Bei Frost ist besonders darauf zu achten, dass die Tränken nicht zufrieren. Darum habe ich einen elektrischen Tränkenwärmer angeschafft, der in der kalten Jahreszeit in meinem Gewächshaus steht und auf dem eine Gießkanne gestellt werden kann, um dann angewärmtes Wasser in die Tränken nachfüllen zu können. Zu empfehlen ist auch eine Gummi-Wärmematte für Geflügeltränken (außenbereichtauglich), damit die Tränken eisfrei bleiben.

Die Hühner erhalten ausschließlich Bio-Futter, und zwar:
- Bio Hühnerfutter Pellets (gentechnikfrei, ideales Alleinfutter für die Rundumversorgung von Hühnern),
- Bio Körnermischung (Bestandteile aus Mais, Weizen, Gerste, Erbsen und Pflanzenöl),
- hochwertiges Bio Hühnerfutter (gentechnikfrei);

weiterhin im Angebot:
- ein Pickstein für Geflügel (2 kg),
- Sepiaschalen als weitere Kalziumquelle.

Besonders beliebt sind die Pellets und die Körnermischung, weniger das – wenn auch hochwertige – Bio Hühnerfutter. Deshalb vermische diese Futtersorten. Hin und wieder gibt es auch ein paar zerkleinerte Garnelenschalen, die bei Hühnern allgemein sehr beliebt sind. Aber Vorsicht bei Garnelenschalen, denn übermäßiges Füttern wirkt sich auf den Geschmack der Eier aus.[10]

---

[10] **Garnelen in der Hühnerfütterung** - Darf man Garnelen überhaupt an Hühner verfüttern, fragt sich jetzt der pfiffige Hühnerhalter. Ja, darf man. … Was die Fütterungsmenge von Krabben für Hühner angeht, so sollte ein Teelöffel getrockneter Krabben pro Tier und Tag als Zusatzfutter in Zeiten erhöhten Proteinbedarfs diesen ausreichend decken. In Abstimmung auf das Grundfutter versteht sich. Von einer Dauerfütterung sollte man bei Garnelen, Garnelenschalen, Garnelenmehl oder anderen Krebstierchen besser absehen, da es durchaus vorkommt, dass die Eier einen leichten Hauch von „Fisch" annehmen und das nicht unbedingt auf jedermanns Geschmack trifft., URL: http://www.huehner-haltung.de/futter/garnelen.html.

Und dann hängt da ja auch noch der Pickstein im kleinen Auslauf, der aber von den Hühnern überhaupt nicht angenommen wird.

Im großen Auslauf (ca. 250 qm) finden die Hühner zusätzlich reichlich Grünzeug. Löwenzahn wird besonders gerne gepickt; das gilt auch für zugefütterte Apfelstücke, Salatköpfe und Seitentriebe von Erdbeerpflanzen.

Es ist darauf zu achten, dass rechtzeitig frisches Futter nachgefüllt wird und sich in den Tränken immer ausreichend frisches Wasser befindet.

Hühner sind bei der Aufnahme von Futter nicht sehr wählerisch – eben Allesfresser. Aber bei mir bekommen sie keine Essensreste aus der Küche.

Auch wissen Hühner offensichtlich, was giftig oder ihrer Gesundheit abträglich ist. So fressen sie z.B. nicht die roten Früchte der Eibenbüsche und die Blätter von Rhododendronbüschen, die im großen Auslauf wachsen.

Der Pflanzenbewuchs - Giftige Pflanzen für Hühner?

Wer hat sich nicht schon einmal die Frage gestellt, meist zu Beginn der Hühnerhaltung: Gibt es auch Pflanzen die für meine Hühner giftig sind? Und sollte ich diese dann aus meinem Hühnerauslauf entfernen?
Wir haben auch zu diesen Fragen Nachforschungen betrieben und die Antwort war fast immer die gleiche:
Hühner wissen von selbst welche Pflanzen für sie giftig sind und welche nicht. Besteht ein ausreichendes Nahrungsangebot, vergreifen sich Hühner in aller Regel nicht von alleine an für sie giftigen Pflanzen.
Unter Botanikus.de haben wir eine Liste von Pflanzen und deren Grad an Unverträglichkeit gefunden. Diese Liste bezieht sich auf die Unverträglichkeit für Vögel im Allgemeinen. Könnte jedoch auch für Hühnerhalter hilfreich sein.[11]

---

[11] GARTENHÜHNER, URL: https://gartenhuehner.de/huehnerhaltung/auslauf-und-garten-fuer-huehner/auslauf-pflanzenbewuchs-huehner/.

Kapitel 5
Der große Auslauf

Keinesfalls sollten sich die Hühner (Hennen und Hahn) auf Dauer nur in dem kleinen Auslauf bewegen können. Deshalb habe ich nach der Hühneranschaffung unverzüglich mit der Gestaltung des großen Auslaufs begonnen.

Als Zwischenlösung konnten sich die Hühner stundenweise auf dem ersteigerten Grundstück (737 qm) „tummeln" und nach Belieben picken, scharren und Grünzeug futtern.

Den großen Auslauf (ca. 250 qm) habe ich überwiegend mit einem speziellen Hühnergatter (1,80 m hoch, mit abgewinkeltem Oberteil) eingezäunt.

Foto: November 2016

Hühnergatter zur Einzäunung des großen Auslaufs

Zwischen dem kleinen und dem großen Auslauf befindet sich ein Schlupfloch, das mit einem Schieber geschlossen werden kann. Anfangs habe ich mir die Mühe gemacht und den Schieber abends und morgens zum Schutz vor „Räubern" betätigt.

Nach dem Verschenken des Hahns (vgl. „Kapitel 7 – Der krähende Hahn") lasse ich den Hühnern freien Lauf, und sie können ungehindert zwischen dem Hühnerstall und den beiden Ausläufen hin und her wechseln.[12] Davon machen sie auch rege Gebrauch – mit der Morgendämmerung in den kleinen und großen Auslauf, mit der Abenddämmerung von draußen in den Stall.

Ich wohne seit ca. 30 Jahren an diesem Ort und habe noch keinen Fuchs gesehen. Anfangs – als die Gegend noch nicht so besiedelt war – konnte ich Wiesel, Mauswiesel und Steinmarder feststellen. Seit etwa 15 Jahren habe ich diese „Räuber" in meinem Wohnbereich nicht mehr beobachtet, sodass für die Hühner diesbezüglich wohl keine Gefahr besteht.

Zum Wohlbefinden der Hühner trägt auch bei, dass in dem großen Auslauf Büsche und kleine Bäume wachsen, unter denen sie Deckung suchen (siehe Foto auf der Vorseite) und Schutz vor Greifvögeln finden können.

Es gibt aber auch sonnige Stellen, an denen sich meine Hühner gerne aufhalten und ein Sandbad nehmen.

Spätestens zum Frühjahr 2017 werde ich den großen Auslauf erweitern. Dann stehen meinen Hühnern ca. 600 qm mit vielen Möglichkeiten zur Verfügung (allerlei Grünzeug, Holzstapel, Altholz in Form von Baumstämmen und Ästen als Unterschlupf).

Ich weiß, das sind ideale Voraussetzungen, die nicht jeder Halter von „Gartenhühnern" anbieten kann.

---

[12] Als ich noch im Besitz des Hahns war, habe ich – um die Krähgeräusche weitgehend zu unterbinden – den Hahn und die Hennen zur Nachtzeit im Hühnerhaus verschlossen gehalten.

Kapitel 6
Die Pflege und die Legeleistung der Hennen

Mit dem Eierlegen haben sich die vier Hennen Zeit gelassen – sie waren ja noch jung und mussten sich erst an die neue Umgebung und den Hahn gewöhnen.

Seit Oktober 2016 sind es täglich – bis auf wenige Ausnahmen – vier schöne Eier in verschiedenen Braunfärbungen. Manchmal ist ein total dickes Ei mit Doppeldotter[13] dabei.

Diese gute Legeleistung hat sicherlich viele Ursachen, insbesondere:
- spezielles Bio-Futter in zwei Futterautomaten,
- mehrere Tränken,
- überdachter kleiner Auslauf mit immer trockenem Sandbad,
- großer Auslauf mit
    - „natürlichen" Futterangeboten,
    - Sandbadmöglichkeiten,
    - vielen Büschen und kleinen Bäumen als Schutz vor Greifvögeln,
    - teils extremer Hanglage (dort klettern die Hühner „über Stock und Stein" gerne rauf und runter),
    - am Boden liegendes Altholz (Holzstapel, Sträucher).

Der Hühnerstall wird alle 3 bis 4 Tage entmistet. Mit dem Gemisch aus Holzhäcksel, Sägespänen und Hühnerkot dünge ich Blumen und Sträucher, die auf meinen Grundstücken wachsen. Ansonsten ist da auch noch in einer abgelegenen Grundstücksecke ein Komposthaufen.

---

[13] **Mehrfachdotter** – Eine in der Regel sehr harmlose Laune der Natur sind Mehrfach- oder Doppeldotter. Sie entstehen durch zwei gleichzeitig gelöste Dotteranlagen und entsprechen Zwillingen beim Menschen. Die Eier sind zumeist etwas größer als durchschnittliche Eier der Henne und eignen sich nicht zum Bebrüten, da man nicht davon ausgehen kann, dass beide Küken überleben. Allein die beengten Platzverhältnisse dürften zum Absterben eines der Embryonen führen. Angeblich geligt es zuweilen, Zwillingsküken auszubrüten, diese sind aber meist so schwach, dass sie kurz nach dem Schlupf versterben. Von Experimenten diesbezüglich sollte aus Gründen des Tierschutzes also abgesehen werden. Kommt es vermehrt zu Ablagen von Eiern mit Doppel- oder Mehrfachdotter, muss man als Halter auch an einen späteren Legedarmvorfall denken., URL: http://www.huehner-hof.com/anatomie-verhalten/legeprozess/besondere-eier/.

Meine Hühner zeigen sich neugierig, wenn ich in der Nähe bin. Sie beobachten genau, was um sie herum so passiert. Von – auch lauten – Geräuschen (z.B. Laubsauger, Holzhäckselmaschine) lassen sie sich nicht irritieren, und sie picken und scharren ungestört weiter.

---

[14] URL: http://www.bio-composting.de/kompost-tipps/huehnermist.html.

Kapitel 7
Der krähende Hahn

Klar, dass so ein Hahn kräht. Anfangs noch verhalten, nach wenigen Tagen aber schon in den frühen Morgenstunden. Mein Schlafzimmerfenster ist etwa 10 m Luftlinie vom Hühnerstall entfernt – mich hat das Krähen nicht gestört.

Mit dem Schließen der im Hühnerstall angebrachten „Fallklappe" (vgl. „Kapitel 2 – Die Idee und das Hühnergehege") waren der Hahn und die Hühner über Nacht im Hühnerhaus eingeschlossen, was auch zur Schallreduzierung beigetragen hat. Alle weiteren Öffnungen (Fenster, Belüftung) waren zur Nachtzeit mit Klappen verschlossen. Soweit möglich, habe ich doppelte Wände zur Schallisolierung eingebaut.

Dennoch:
Am 05.09.2016 erschien ein Nachbar (Haus ca. 25 m Luftlinie entfernt) und beschwerte sich über das Krähen. Er wies auch gleich darauf hin, dass er sich bei der Stadt Bad Iburg erkundigt und die Auskunft erhalten habe, dass die Nachtruhe von 20:00 bis 08:00 Uhr einzuhalten und während dieser Zeit das ruhestörende Krähen des Hahns irgendwie zu unterbinden sei.

Aber:

Wer vier Hennen und einen Hahn im Garten halten will, kann das selbst in einem reinen Wohngebiet ohne baurechtliche Bedenken tun. Das erlaubt die bundesweit geltende Baunutzungsverordnung. Hühner gelten als „Kleintiere", genau wie Kaninchen oder Meerschweinchen. Anlagen für die Kleintierhaltung sind in einem reinen Wohngebiet jederzeit zulässig, wenn das Gebot der Rücksichtnahme beachtet wird, also die Ausmaße der Tierhaltung nicht überzogen sind. Eine Hühnerherde von 20 Hennen und einem Hahn gilt vor Gericht noch als angemessen [...]. Auch in allgemeinen Wohngebieten ist die private Haltung von Hühnern und einem Hahn zulässig, wie verschiedene Gerichtsurteile bestätigen [...].[15]

Und jetzt beginnt eine fast unendliche Geschichte über das Halten dieses Hahnes:

---

[15] Gesetzliche Vorgaben für die Hühnerhaltung im eigenen Garten, URL: http://www.bauernhahn.de/rechtsfragen (Gespeichert von Bauernhahn am 27. April 2010 - 14:58).

Am 09.09.2016 schrieb mir dieser Nachbar eine E-Mail und setzte die Stadt Bad Iburg und zwei weitere Nachbarn ins „Cc" (nachrichtliche Beteiligung).

E-Mail-Auszug:

„Von:
Betreff: Lärmbelästigung durch krähenden Hahn
Datum: 09.09.2016, 6:12 Uhr
An: Ernst-hunsicker@t-online.de
Cc:
Sehr geehrter Herr Hunsicker,
seit ca. 3 Wochen kommt es zu Ruhestörung durch den von Ihnen auf Ihrem Grundstück gehaltenen krähenden Hahn.
Ich hatte Sie am 05.09.2016 persönlich darauf angesprochen und verlangt, dass Sie für die Einhaltung der allgemein üblichen Ruhezeiten sorgen. Bei der Haltung von Hähnen hat sich durch einschlägige Urteile gefestigt, dass diese in der Zeit von 20.00 bis 08.00 h nicht stören dürfen.
Leider sind Sie meiner Auffordeung nicht nachgekommen. Ihr Hahn krähte und verursachte weiterhin Ruhestörung am:
06.09. ab 06.00 h
07.09. ab 05.45 h
08.09. ab 04.35 h
09.09. ab 04.45 h
Ich fordere Sie hiermit nochmals auf, die Ruhestörung unverzüglich abzustellen.
Diese Email sende ich auch an ... von der Stadt Bad Iburg, um die Störung anzuzeigen und um Unterstützung zu bitten.
Mit freundlichen Grüßen
..."

Meine Antwort darauf:

„Betreff: AW: Lärmbelästigung durch krähenden Hahn
Von: Ernst Hunsicker
An:
Datum: 2016-09-09T09:16:51+0200
Anrede,
zu den von Ihnen angegeben Zeiten ist der Hahn im teils sogar schallsolierten Stall. Ausserdem halte ich die Huehner und den Hahn auf einem ausgewiesenen Gartengrundstueck.

Wie ich Ihnen bereits persoenlich mitgeteilt habe, muss ich den Hahn hal-
ten, um die Huehner vor mehreren frei herumlaufenden Katzen zu schütz-
ten.
Meine Tiere erhalten naemlich in der kommenden Woche einen großen
Freilauf, der nicht katzensicher ist.
Mit freundlichen Grüßen
Ernst Hunsicker"

Weiterleitung dieser E-Mails durch mich an das Bürgerzentrum / Öf-
fentliche Ordnung (buez) der Stadt Bad Iburg:

„Von: ernst-hunsicker@t-online.de [mailto:ernst-hunsicker@t-online.de]
Gesendet: Freitag, 9. September 2016 20:28
An: buez
Betreff: WG: AW: Lärmbelästigung durch krähenden Hahn
Anrede,
meine Antwort an Herrn ... zur Kenntnis.
Ich halte die Hühner und den Hahn auf einem Grundstück Gemarkung Bad
Iburg, Flur 9, Flurstück 82. Es handelt sich hierbei nicht – wie an Herrn ...
mitgeteilt – um ein Gartengrundstück, sondern vielmehr um eine Fläche für
die Landwirtschaft, auf der Hühnerhaltung mit einem Hahn ja wohl erlaubt
sein darf. Das entsprechende Schreiben der Stadt Bad Iburg ist angehängt.
Außerdem habe ich bereits mehrere Maßnahmen vorgesehen, um das Krä-
hen durch den Hahn einzudämmen.
Auch erlaube ich mir den Hinweis, dass in der Nähe ein weiterer Hahn den
gesamten Tag über kräht. Offenbar sind die dortigen Nachbarn toleranter.
Mit freundlichem Gruß
Ernst Hunsicker"

Schreiben der Stadt Bad Iburg aus dem Jahr 1997 mit dem Hinweis „Fläche für die Landwirtschaft":

Stadt Bad Iburg   Postfach 1260   49181 Bad Iburg

Der Stadtdirektor

Herrn
Ernst Hunsicker
Rottstraße 35 B

49186 Bad Iburg

Ihre Nachricht	Ihr Zeichen	Mein Zeichen	Auskunft erteilt	Tag
01.09.1997		pu-mü Bauamt 1540-35 B	Herr Pues Tel.: (05403) 404-36	18.Sep.1997

Antrag auf Bewertung/Nutzung als Bauland
Grundstück Gemarkung Bad Iburg, Flur 9, Flurstück 82

Sehr geehrter Herr Hunsicker,

Ihren Antrag vom 01.09.1997 habe ich den Ratsgremien zur Kenntnis gegeben.
Das Grundstück befindet sich im Bereich des Bebauungsplanes Nr. 6/II
"Auf dem Rott/Kronesch". Nach den rechtskräftigen Festsetzungen ist eine
Bebauung nicht vorgesehen (Fläche für die Landwirtschaft). Der von Ihnen
angesprochene "Feldweg" ist als Fußweg gewidmet. Eine baurechtliche Er-
schließungsfunktion kann er daher nicht wahrnehmen.

Die mit dem Bebauungsplan Nr. 6 II "Auf dem Rott/Kronesch" angestrebte Boden-
nutzung ist weitgehendst in den letzten Jahren realisiert worden. Aus diesem
Grunde ist eine Neubewertung des Flurstückes 82 städtebaulich nicht zweckmäs-
sig und erforderlich. Aus diesem Grunde ist es der Stadt Bad Iburg nicht möglich,
Ihrem Ansinnen auf Einleitung eines Bauleitplanverfahrens zu entsprechen.

Mit freundlichem Gruß
I. A.

Antwort-E-Mail der Stadt Bad Iburg:

„Betreff: AW: Lärmbelästigung durch krähenden Hahn
Datum: 2016-09-12T14:11:12+0200
Von:
An: "ernst-hunsicker@t-online.de" <ernst-hunsicker@t-online.de>
Sehr geehrter Herr Hunsicker,
dass es sich bei der Fläche um eine „Fläche für die Landwirtschaft" han-
delt, berechtigt nicht zwangsläufig zur Hühnerhaltung. Außenhaltung von
Tieren in einem Wohngebiet sollte grds. vor dem Beginn der Haltung mit

den Nachbarn abgesprochen werden, die u.U. von den Immissionen, die aus der Haltung heraus resultieren, betroffen sein könnten. Dies scheint hier leider nicht der Fall gewesen zu sein.

Wer Tiere hält, ist verpflichtet diese so zu halten, dass die Nachbarschaft dadurch nicht gestört wird. Es wird unterschieden, ob die Haltung einer Tierart für den Bereich üblich ist. Die Haltung eines Hahns in einem Wohngebiet ist nicht üblich. Das Argument, das dort viele Katzen sind und daher ein Hahn da sein muss, um die Hühner zu beschützen, kann man auch durch die Aufstellung einer angemessen katzensicheren Einzäunung entkräften. Bevor die Nachbarschaft einen krähenden Hahn erdulden muss, sind Sie zunächst verpflichtet, Maßnahmen zum Schutz der Nachbarn zu ergreifen.

Problematisch wird die Haltung eines krähenden Hahns immer dann, wenn sich in einem Wohngebiet, und darin befinden sich das von Ihnen benannte Grundstück, Nachbarn durch die nicht unerheblichen Krähgeräusche gestört fühlen. Gerichtlich ist entschieden worden, dass Hühnerhaltung in einem Wohngebiet durchaus möglich ist, die Haltung eines Hahnes aber nur unter bestimmten Voraussetzungen. Diese können sein, dass Hahn (und seine Hühner) über Nacht in ein verdunkeltes oder schallisoliertes Hühnerhaus eingesperrt werden. Die Rechtsprechung sagt, dass die Ruhezeit von 20:00 – 8:00 Uhr andauert und ist damit angelehnt an das Bundesimmissionsschutzgesetz, Freizeitlärmrichtlinie, TA-Lärm.

Sie schreiben, dass Sie mehrere Maßnahmen vorgesehen haben, die das Krähen des Hahnes eindämmen. Welche Maßnahmen wären das und bis wann sollen diese umgesetzt werden

Mit freundlichen Grüßen
Im Auftrag

...

Stadt Bad Iburg
FD BÜZ/Öffentliche Ordnung
Am Gografenhof 4
49186 Bad Iburg"

Meine Rückantwort:

„AW: Lärmbelästigung durch krähenden Hahn
12.09.2016 15:36 Uhr
Von: Hunsicker, Ernst
An:
Anrede,
ich kann mich Ihrer Auffassung nicht anschließen. Eine für die Landwirtschaft ausgewiesene Fläche berechtigt nach meiner Auffassung durchaus

zur Haltung von Hühnern, ohne dies vorher mit den Nachbarn abzuspre-
chen oder gar eine Genehmigung einzuholen.

Ich halte die vier Hühner und den einen Hahn zu der von Ihnen angegeben
Nachtzeit (20:00 bis 08:00 h) in einem Hühnerhaus, das während dieser
Zeit nach allen Seiten ge- und verschlossen ist. Das Hühnerhaus ist auch
während dieser Zeit völlig abgedunkelt und – soweit möglich – schalliso-
liert.

Die Reihenhäuser, in denen auch Herr … wohnt, sind mindestens 20 m von
dem Hühnerhaus entfernt.

Ich darf auch auf ein Urteil hinweisen, und zwar:

"Baurechtliche Vorschriften bei der Hühnerhaltung…

Da Hühner aber als „Kleintiere" gelten, ist auch ihre Haltung selbst in
reinen Wohngebieten ohne Genehmigung zulässig – sofern das Gebot der
Rücksichtnahme eingehalten und das Ausmaß der Haltung sich im priva-
ten Rahmen bewegt. Eine Hühnerherde von 50 Tieren gilt sicherlich
nicht mehr als angemessen, 20 Hühner und ein Hahn sind aber in unter-
schiedlichen Gerichtsurteilen als durchaus vertretbar bewertet worden.
…"

Quelle: http://www.huehner-haltung.de//gesetzliches/bestimmungen.html

Was ist eigentlich mit dem Hahn, der irgendwo im Bereich Rott / Kronesch
gehalten wird? Das Krähen dieses Hahns ist bis auf mein Grundstück zu
hören.

Ich weise abschließend noch darauf hin, dass ich die vier Hühner und den
Hahn bei der Nds. Tierseuchenkasse angemeldet habe.

Mit freundlichem Gruß
Ernst Hunsicker"

Erneute Antwort der Stadt Bad Iburg:

„Betreff: AW: Lärmbelästigung durch krähenden Hahn
Datum: 2016-09-15T11:46:08+0200
Von:
An: "ernst-hunsicker@t-online.de" <ernst-hunsicker@t-online.de>
Guten Tag Herr Hunsicker,
die Frage ist doch, ob das von Ihnen zitierte Gebot der gegenseitigen Rück-
sichtnahme in dem Falle tatsächlich eingehalten wurde.

-   Es wurde nicht mit den Nachbarn gesprochen.
-   Es muss nicht zwangsläufig ein Hahn gehalten werden.
-   Es gibt durchaus Hühnerrassen, bei denen die Hähne nicht so oft und
    laut krähen.

Die Maßnahmen, die von Ihnen getroffen wurden, sind ja durchaus positiv
zu bewerten. Jedoch ist eine Schallisolierung nur dann sinnvoll, wenn Sie

auch funktioniert. Und das scheint nicht der Fall zu sein. Wenn die von Ihnen getroffenen Maßnahmen auch greifen würden, hat sicher kein Nachbar mehr etwas gegen die Haltung des Hahnes.
Bitte bedenken Sie: Nachbarschaft kann nur funktionieren, wenn beide Parteien nicht nur an sich sondern auch an die anderen denken. Die Anschaffung Ihres Hahnes war der Anlass für den Unmut bei Ihren Nachbarn. Daher ist es an Ihnen, den Frieden wieder her zu stellen!
Mit freundlichen Grüßen
..."

Eine weitere E-Mail-Antwort durch mich:

AW: Lärmbelästigung durch krähenden Hahn
16.09.2016 08:44 Uhr
Von: Ernst Hunsicker
An:
ich muss jetzt mal etwas weiter ausholen:
In meinem langen Leben hatte ich bis dato keinerlei Differenzen mit Nachbarn oder – zu früheren Zeiten – mit im Haus wohnenden anderen Mietparteien. Ich/wir wohnen seit knapp 30 Jahren in diesem Haus (...), ohne dass es irgendwelche Beschwerden von Nachbarn oder auch nur ausgetragene Unstimmigkeiten mit Nachbarn gab.
Ich hätte aber reichlich Anlass für Beschwerden gehabt:
-   Wildwuchs in ... Garten ...
-   Katzen ...
-   Fußballspielen in der Mittagszeit ...
Wenn der in einem schallisolierten Hühnerhaus zur Nachtzeit mit den Hühnern eingesperrte Hahn für Herrn ... zu laut ist, dann soll er doch einfach die Fenster schließen und die Jalousien herunterlassen. Ich schlafe bei geöffnetem Fenster ca. 10 m von dem Hühnerhaus entfernt und mich stört das Krähen des Hahns überhaupt nicht.
Auf den fremden Hahn, den ich heute (15.09.) wiederholt gehört habe, gehen Sie erneut nicht ein. Ich kann mir nicht vorstellen, dass der Besitzer dieses Hahns mit allen Nachbarn gesprochen und deren Einverständnis eingeholt hat.
Ich bin Ihnen sehr dankbar, wenn Sie mir eine Hühnerrasse nennen, deren Hähne nicht so laut und nicht so oft krähen.
Seit dem 13.09. halte ich erst mal mit Rücksicht auf die Nachbarn keinen Hahn. Das wird sich aber ändern, wenn die Katzen meine Hühner angreifen oder immer wieder aufscheuchen. Solange ich den Hahn hatte, hat sich keine Katze in die Nähe des Hühnerstalls gewagt!

*Ich lade Sie ein, sich einen Eindruck vor Ort zu verschaffen. Dann können
Sie feststellen, was ich alles mit Rücksicht auf die Nachbarschaft unter-
nommen habe
Mit freundlichen Grüßen
Ernst Hunsicker"*

Daraufhin eine erneute E-Mail-Erwiderung der Stadt Bad Iburg:

*„Betreff: AW: Lärmbelästigung durch krähenden Hahn
Datum: 2016-09-20T13:00:52+0200
Von:
An: "ernst-hunsicker@t-online.de" <ernst-hunsicker@t-online.de>
Sehr geehrter Herr Hunsicker,
ich bedaure sehr, dass es so viele Dinge in Ihrer Nachbarschaft gibt, die
Sie offensichtlich stören. Um Abhilfe zu schaffen, sollten die entsprechen-
den Personen auf die Problematik angesprochen werden. Wenn sich da-
raufhin an der Situation nichts ändert, hat man die Möglichkeit, unter Set-
zung einer Frist schriftlich Abhilfe zu fordern. Es gibt Schiedsleute, die
eingeschaltet werden können usw. Die schlechteste Lösung ist immer, einen
Zustand, der einen stört so hinzunehmen.
Um die Angelegenheit bezügl. der Haltung Ihres Hahnes abzuschließen: Es
verlangt niemand von Ihnen, dass der Hahn abgeschafft wird! Er muss nur
in der Zeit zwischen 20 und 8 Uhr in einem tatsächlich schallisolierten
Stall untergebracht sein! Unter dieser Bedingung ist die Haltung von mehreren Hühnern und einem Hahn in einer Siedlung absolut zulässig. ...
Mit freundlichen Grüßen
Im Auftrag
... "*

Bis heute hat mir die Stadt Bad Iburg nicht mitgeteilt,
- welche Hähne welcher Rasse nicht so oft und nicht so laut krähen.
- was mit dem Hahn ist, der irgendwo in der Nachbarschaft den ganzen
  Tag über hörbar kräht.

Von meinem Angebot gegenüber der Stadt Bad Iburg, den Hühnerstall zu
besichtigen, wurde kein Gebrauch gemacht. Das hätte ich aber von der damit befassten Sachbearbeitung erwartet. Sie, die zuständige Sachbearbeitung, hat sich nur der Beschwerde des Nachbarn angenommen, ohne meine
vorgenommenen Maßnahmen zur Schallisolation in Augenschein zu nehmen und zu prüfen.

Am 13.09.2016 habe ich „um des lieben Friedens willen" den Hahn ver-
schenkt. Er lebt jetzt mit vielen Hühnern und anderen Tierarten auf einem

abseits gelegenen Anwesen. Auf einen Rechtsstreit wollte ich es nicht ankommen lassen. Das hätte nur weitere Nerven gekostet, wäre aber bestimmt wegen der einschlägigen Rechtsprechung interessant geworden.[16]

Können Hühner auch ohne Hahn gehalten werden?

Zu einer Hühnerschar auf der Wiese gehört einfach ein farbenfroher, glänzender Hahn – das ist die landläufige Meinung. Doch ist es möglich, eine reine Hennengruppe zu halten, in der die Hühner sich auch ohne männlichen Beschützer wohl fühlen?

Manchmal ist es auf Grund verschiedener Faktoren nicht möglich, einen Hahn in der Herde zu halten. Fast immer sind Streitigkeiten mit den Nachbarn schuld an der Misere. Anzeigen beim Veterinäramt, schriftliche Beschwerden oder lautstarke, wüste Schimpftiraden stehen bei nicht wenigen Hühnerliebhabern an der Tagesordnung. In extremen Fällen wurde das liebe Federvieh schon von bösartigen Anrainern durch vergiftetes Futter getötet. Soweit sollte man es jedoch nicht kommen lassen und lieber auf die Haltung eines Hahnes verzichten. In einigen Gegenden oder Ortschaften besteht sogar ein gesetzlich verankertes Haltungsverbot.

Natürlich ist es für die Tiere schöner, das gesamte Spektrum des sozialen Verhaltens ausleben zu können, was eben nur mit einem männlichen Herdenmitglied durchführbar ist. Das Begleiten der Damen zum Nest und davor Wachestehen bei der Eiablage, wie es bei galanten Herren üblich ist, entfällt genauso wie das Locken zum Futter, wenn der Hahn eine besondere Leckerei entdeckt hat. Vom Balz- und Werbungsverhalten ganz zu schweigen, welches ohne Gockel leider ebenfalls entfällt.

Abgesehen davon, macht ein bunter, prächtiger Kerl, der durch den Garten stolziert schon ordentlich was her.

Die Mädls werden auch ohne Hahn brav Eier legen und können durchaus ein glückliches, sorgloses Leben führen. In männerlosen Herden übernimmt oft eine ranghohe Henne den Aufgabenbereich des Hahns – soweit das möglich ist. Sie versucht die anderen Damen zu treten, außerdem kann es passieren, dass ein solch dominantes Exemplar sogar zu krähen beginnt.[17]
…

---

[16] Ziergeflügelzucht für Rassegeflügel Nicole & Matthias Hegetö, Am Ginsterberg 11, 61389 Schmitten-Hunoldstal – Wichtiges und Rechtsprechungen zur Anschaffung von Huhn und Ente, URL: http://www.ginsterbergserama.de/wichtiges-und-rechtsprechungen/.

[17] Hühner-Haltung >Häufige Fragen > Ohne Hahn, URL: http://www.huehner-haltung.de/faq/huehner-ohne-hahn.html.

Kapitel 8

Schutz vor Witterungseinflüssen

Kälte / Feuchtigkeit

Was muss man bei der Hühnerhaltung im Winter beachten?

Die meisten Hühnerrassen kommen mit der Kälte sehr gut zurecht. Aber Wind, Nässe und Schnee werden schnell zum Problem. Wichtig ist vor allem, Stall und Gehege winterfest zu machen und für eine Extra-Portion fetthaltiges Futter zu sorgen. In diesem Ratgeber zeigen wir Ihnen, wie Sie sich optimal auf die kalte Jahreszeit vorbereiten können und auf welche Besonderheiten Sie achten müssen.

Den Hühnerstall auf den Winter vorbereiten
Die meisten Hühnerrassen vertragen Kälte sogar besser als Wärme. …
Im Winter legen die Tiere im Allgemeinen weniger Eier, denn die Energie wird während dieser Ruhephase in den Schutz gegen die Kälte gesteckt. Die Hauptproblemquellen sind Feuchtigkeit, Nässe und Wind. Die Hühner-Behausung sollte also unbedingt trocken und frei von Zugluft sein. Generell gilt: Feuchte Kälte ist die schlimmste Kälte. Dennoch ist es für die Legeleistung der Hühner wichtig, auf Licht in Stall und Gehege zu achten. …

Hühner im Winter richtig füttern
Der Energiegehalt der üblichen Körnermischung reicht für Hühner im Winter nicht aus, um fit und gesund zu bleiben. Ihr Energiebedarf liegt deutlich höher. Daher darf auch die Futtermenge erhöht werden. Eine gute Energiequelle sind Fette. Füttern Sie beispielsweise Walnüsse, Haferflocken, Hanf und Rosinen zu. Gerade abends sollten die Energiereserven ordentlich aufgefüllt werden, damit die Hühner nachts gegen die Kälte gut gewappnet sind. Ein rundliches Huhn mit einer anständigen Speckschicht wird sehr viel besser durch den Winter kommen als eins, das kaum etwas auf den Rippen hat. …
Mit einem winterfesten Stall und Gehege überstehen Ihre Hühner den Winter.[18]

---

[18] markt.de, Nutztiere-Ratgeber, URL: http://www.markt.de/ratgeber/huehner/ huehner-haltung-im-winter/.

Hitzestress

Katrin
Hitze können Hühner gar nicht gut vertragen. Wenn es so heiß ist, fressen sie weniger als sonst, dann geht auch die Legeleistung 'runter. Wichtig ist : immer frisches kühles Wasser zum Abkühlen, denn Hühner können nicht schwitzen.
Das Futter solltest Du anfeuchten, dann fressen sie es lieber und deshalb mehr davon. Dann legen sie auch besser. Wegen der Fütterung an sich gehen die Meinungen hier in der Gruppe etwas auseinander, es kommt auch darauf an, was für Hühner Du hast und was Du von Ihnen erwartest.

Hubertus
Meine Hühner haben auch unter der Schwüle zu leiden. Sie legen zur Zeit recht wenig Eier, gerade mal so 8 - 10 Stück am Tag. Deshalb beregnen wir wieder die Auslauffläche.
Im Hühnerhof sind viele Fliederbüsche, darunter verkriechen sie sich und machen Staubbäder. Flieder ist für einen Hühnerhof sehr gut geeignet, denn Hühner mögen die Knospen der Fliederbüsche überhaupt nicht. So bilden sich zeitig viele Blätter und geben den Hühnern Deckung vor der Sonne und vor allem auch bilden sie einen Sichtschutz gegen die Habichte. …

Stefan
32 Grad im Schatten! Die Hühner sitzen unterm Hollunder und in meiner Brennesselplantage, dort ist es kühl. Die großen scheinen die Hitze besser zu vertragen als die Zwerge.
Zwischendurch stehen sie unterm Kirschbaum und warten, was runterfällt. Kirsche ist gut, Wurm ist gut, wurmige Kirsche ist ideal!

Enthalpie[19]
Die Enthalpie gibt den Gesamtwärmeinhalt der Luft an und dient als Kennzahl für die Wärmebelastung von Geflügel. Bei hoher Temperatur und Feuchtigkeit im Stall setzt bei Geflügel aufgrund der mangelhaften Transpirationsfähigkeit die Schnabelatmung ein, die in Hecheln übergeht und schon nach wenigen Stunden zum Hitzetod führen kann. …

Katrin
Stell das Wasser auf jeden Fall an den schattigsten, kühlsten Platz, den Du hast.

---

[19] Hitzestress bzw. Wärmebelastung bei Geflügel.

Gut ist es auch, alles Futter angefeuchtet zu geben, auch das Legemehl. Und viel Obst dazu, dann brauchst Du keine Industrie-Vitamine aus der Tüte. Ich meinte eigentlich nicht Körnerfutter, sondern Legemehl. Das fressen sie im Sommer lieber als Pampe statt trocken. Körner kannst Du über Nacht quellen lassen oder auch keimen. ...[20]

Meine Hühner finden Schatten unter dem Hühnerhaus und im Außengehege unter Bäumen und Büschen. Außerdem werde ich an heißen Sommertagen reichlich frisches Wasser anbieten.

---

[20] huehner-info.de, URL: http://www.huehner-info.de/infos/krankh_hitze.htm.

Kapitel 9
Ausbruch der „Vogelgrippe",
Impfpflicht gegen die Newcastle Disease

Stallpflicht wegen „Vogelgrippe" vom 11.11.2016 bis zunächst 31.01.2017 im Landkreis Osnabrück

Stallpflicht für Geflügel in Stadt und Landkreis Osnabrück ab Samstag

11.11.2016 Nach Vogelgrippe-Fällen in Schleswig-Holstein

Osnabrück. Stallpflicht nach Ausbruch der hochansteckenden Vogelgrippe vom Typ H5N8 im Kreis Plön in Schleswig-Holstein und in Konstanz am Bodensee: Der Veterinärdienst für Stadt und Landkreis Osnabrück ordnet für das gesamte Osnabrücker Land die so genannte Aufstallung an. In Stadt und Landkreis Osnabrück müssen ab Samstag, 12. November, und zunächst befristet bis zum 31. Januar 2017 damit Hühner, Truthühner, Perlhühner, Rebhühner, Fasane, Laufvögel, Wachteln, Enten und Gänse entweder in geschlossenen Ställen oder in Schutzvorrichtungen gehalten werden, die nach oben und seitlich gegen das Eindringen von Wildvögeln geschützt sind.

Auch wenn aus rechtlichen Gründen diese Stallpflicht erst in der Nacht zum Samstag um 24 Uhr wirksam wird, bittet der Veterinärdienst alle Geflügelhalter dringend, die Tiere nach Möglichkeit sofort in Ställen zu halten. In Stadt und Landkreis Osnabrück werden derzeit mehr als 7,5 Millionen Stück Geflügel gehalten.

Jede Haltung von Geflügel muss bei der zuständigen Behörde gemeldet werden. Wer dies bisher noch nicht gemacht hat und deshalb über keine Registriernummer für seinen Geflügelbestand verfügt, der sollte diese Meldung beim Veterinärdienst jetzt dringend nachholen.[21]

---

[21] Landkreis Osnabrück, URL: https://www.landkreis-osnabrueck.de/der-landkreis/pressestelle/pressemeldungen/35046-stallpflicht-fuer-gefluegel-stadt-und-landkreis (Pressemeldung).

Maßnahme des Landkreises Osnabrück (Auszug):

Landkreis Osnabrück   Osnabrück, 11.11.2016
Der Landrat

Tierseuchenbehördliche Allgemeinverfügung
über die Anordnung der Aufstallung von Geflügel
zum Schutz gegen die Aviäre Influenza
(1/2016 OS)

Aufgrund des § 13 Abs. 1 der Geflügelpest-Verordnung wird hiermit nachstehende Maßnahme bekannt gegeben und verfügt:

Sämtliches in der Stadt und im Landkreis Osnabrück gehaltenes Geflügel (Hühner, Truthühner, Perlhühner, Rebhühner, Fasane, Laufvögel, Wachteln, Enten und Gänse) ist **ab sofort zunächst bis zum 31.01.2017** ausschließlich

1. in geschlossenen Ställen oder
2. unter einer Vorrichtung, die aus einer überstehenden, nach oben gegen Einträge gesicherten dichten Abdeckung und mit einer gegen das Eindringen von Wildvögeln gesicherten Seitenabgrenzung bestehen muss (Schutzvorrichtung), zu halten.

Die sofortige Vollziehung dieser Maßnahme wird im öffentlichen Interesse angeordnet.

Diese Allgemeinverfügung tritt am Tage nach der Veröffentlichung in Kraft.

Begründung:
Am 08.11.2016 wurden mehrere Infektionen von Wildvögeln mit hochpathogenem Aviären Influenzavirus vom Subtyp H5N8 im Kreis Plön in Schleswig-Holstein festgestellt. Weiterhin erfolgten am 09.11.2016 mehrere Infektionen von Wildvögeln in Konstanz am Bodensee in Baden-Württemberg. In den vorherigen Tagen und Wochen wurden diese Viren bereits bei Hausgeflügel und Wasservögeln in Ungarn, Kroatien und in Polen, nahe der Grenze zu Mecklenburg-Vorpommern, nachgewiesen.

Bei der hochpathogenen Aviären Influenza handelt es sich um eine ansteckende und anzeigepflichtige Viruserkrankung des Geflügels und anderer Vogelarten, die schnell epidemische Ausmaße annehmen und damit Tierverluste und große wirtschaftliche Schäden zur Folge haben kann.
Diese Verfügung basiert auf einer Risikobewertung nach § 13 Abs. 2 Geflügelpest-Verordnung. Der Risikobewertung wurde gemäß § 13 Abs. 1

und 2 Geflügelpest-Verordnung zugrunde gelegt, dass der Landkreis Osnabrück einerseits Wildvogeldurchzugsgebiet für wildlebende Wat- und Wasservögel ist und andererseits eine hohe Wirtschaftsgeflügeldichte aufweist. Außerdem wurde berücksichtigt, dass der Landkreis Osnabrück mehrere Flüsse, Seen und Feuchtgebiete vorhält, an denen die genannten Wildvögel rasten. Weiterhin wurde die Risikoeinschätzung des Friedrich-Loeffler-Instituts (FLI) vom 09.11.2016 berücksichtigt. Der Vogelzug ist derzeit in vollem Gange und wird auch voraussichtlich noch bis über den Jahreswechsel hinaus andauern. Aufgrund der aktuellen Verbreitung von hochpathogenem Aviären Influenzavirus vom Subtyp H5N8 bei Wildvögeln ist daher von einem hohen Eintragsrisiko durch direkte und indirekte Kontakte zwischen Wildvögeln und Nutzgeflügel auszugehen. Um eine derartige Übertragung in hiesige Geflügelbestände zu verhindern, ist die vorgenannte Maßnahme geeignet, erforderlich und angemessen. …

Allgemeine Hinweise:
Die Haltung von Geflügel (Hühner, Enten, Gänse, Fasane, Perlhühner, Rebhühner, Tauben, Truthühner, Wachteln oder Laufvögel) muss bei der zuständigen Behörde angezeigt sein (§ 26 Viehverkehrsverordnung). Wer dies bisher noch nicht gemacht hat und über keine Registriernummer für seinen Geflügelbestand verfügt, sollte die Anzeige über den Veterinärdienst dringend nachholen.

Gemäß § 32 Abs. 2 Nr. 4 des Tiergesundheitsgesetzes handelt ordnungswidrig, wer vorsätzlich oder fahrlässig dieser Tierseuchenverfügung zuwiderhandelt.

Ordnungswidrigkeiten können mit einem der Schwere der Zuwiderhandlung angemessenem Bußgeld bis zu 30.000,00 Euro geahndet werden.
Jeder Verdacht der Erkrankung auf Geflügelpest ist mir unter der Telefonnummer 0541/501-2183 (Veterinärdienst für Stadt und Landkreis Osnabrück) sofort zu melden.

Osnabrück, 11.11.2016
Im Auftrag
gez.
(Dr. Fritzemeier)
Ltd. Veterinärdirektor[22]

---

[22] URL: https://www.landkreis-osnabrueck.de/sites/default/files/bekanntmachungen /2016-11-11_tierseuchenb._allg.-verf._fuer_internet.pdf.

Das ist nicht so schön für meine vier Hennen, die sich auf längere Zeit nur noch im Hühnerhaus und im kleinen Auslauf aufhalten dürfen. Insbesondere auch deshalb nicht schön, weil im angrenzenden Nordrhein-Westfalen für bestimmte Gebiete keine Aufstallung angeordnet ist.

Diese Nicht-Aufstallung gilt insbesondere für die **Gemeinde Lienen**, die mit ihren Grenzen (Gemeinde Lienen, Kreis Steinfurt, Land Nordrhein-Westfalen) unmittelbar an die Stadt Bad Iburg (Landkreis Osnabrück, Land Niedersachsen) angrenzt.

Die Grenze zur Gemeinde Lienen liegt von meinem Hühnergehege lediglich ca. 3 km (!) entfernt. Sicherlich müssen irgendwo Grenzen für eine Stallpflicht gezogen werden. Aber ist die nur ca. 3 km entfernt liegende Gemeinde Lienen risikoärmer für einen Ausbruch der „Vogelgrippe"? Mir fehlt schon ein wenig die Einsicht zu dieser abweichenden Regelung.

Angst vor der Vogelgrippe

Geflügel-Stallpflicht in 14 Kommunen

Kreis Steinfurt – Angesichts der sich ausbreitenden Vogelgrippe hat jetzt auch der Kreis Steinfurt eine Stallpflicht für Geflügel erlassen. Sie gilt zunächst in 14 Kommunen des Kreises. Auch die Biosicherheitsmaßnahmen wurden verschärft und gelten jetzt auch für kleine Bestände mit weniger als 1000 Tieren.

Das Land NRW hat zur Vermeidung der Geflügelpest (aviäre Influenza vom Typ H5N8) die Vorgaben zur Aufstallung von Geflügel erweitert. Daraufhin hat der Kreis Steinfurt nun die Aufstallung von Geflügel in den Orten Altenberge, Nordwalde, Emsdetten, Saerbeck, Hörstel, Hopsten, Recke, Neuenkirchen, Wettringen, Ochtrup, Steinfurt, Metelen, Horstmar und Laer angeordnet. Die Stallpflicht gilt ab Dienstag (22). November. Hintergrund ist zum einen die zunehmende Zahl der Geflügelpest-Fälle, insbesondere die Funde in Nordrhein-Westfalen und eine Ausweitung der Risikogebiete auf Kommunen mit einer hohen Geflügeldichte (über 1000 Stück Geflügel pro Quadratkilometer). ...
Darüber hinaus ist am Montag eine Eilverordnung des Bundesministeriums für Ernährung und Landwirtschaft in Kraft getreten. Diese Verordnung dehnt die Biosicherheitsmaßnahmen, die bislang schon für große Geflügelhaltungen gelten, jetzt auch auf kleine Haltungen unter 1000 Tiere aus. Danach müssen ab sofort alle Geflügelhalter ein Bestandsregister führen, in dem Zu- und Abgänge sowie täglich die Anzahl der verendeten Tiere (ab einem Bestand von 10 Tieren zusätzlich die Anzahl der gelegten Eier je

Tag) erfasst werden müssen. Betriebsfremde Personen dürfen die Haltungen nur mit Schutzkleidung betreten, die nach Verlassen des Standortes unverzüglich abzulegen, zu reinigen und zu desinfizieren ist. Alternativ kann Einwegkleidung verwendet werden, die anschließend unverzüglich ordnungsgemäß beseitigt wird. Außerdem muss an jedem Standort eine Einrichtung angebracht werden, in der die Hände gewaschen und die Schuhe desinfiziert werden. ...[23]

Der Bund Deutschen Rassegeflügelzüchter lehnt eine bundesweite Aufstallung ab und fordert eine Fortsetzung der risikoorientierten Aufstallung durch die Länder.

Die Aufstallung des Rasse- und Ziergeflügels bedeutet nicht einfach Aufstallen, sondern für 30-50% der gesunden Tiere die Tötung. Viele dieser Tiere stehen auf der Roten Liste der bedrohten Nutztierrassen. Für die Rassegeflügelzüchter ist die artgerechte Freilandhaltung für die Erhaltungszucht der alten Rassen und die Produktion von Fleisch und Eiern mit Zweinutzungsrassen für den Eigenbedarf die einzige Haltungsform. Die Tiere werden daher in Ausläufen mit Ställen, die nur der Übernachtung dienen, gehalten. Fast alle Züchter können ihre Tiere in diesen Ställen nicht unterbringen und müssen einen großen Teil töten. Die verblieben müssen in für Rasse- und Ziergeflügel viel zu kleinen Ställen untergebracht werden. Die Erfahrungen früherer Aufstallungen haben gezeigt, dass während der Zeit der Aufstallung nochmals viele Tiere vor allem des Groß-, Wasser- und Ziergeflügels durch die reine Stallhaltung verenden oder durch die Halter getötet werden, da Geflügel, das einen Großteil seines Lebens in Freilandhaltung verbracht hat, für die Halter sichtbar leidet.
Die Schere zwischen den modernen Wirtschaftsrassen und den alten Geflügelrassen hat sich nicht nur im Hinblick auf die Lege- und Fleischleistung weit geöffnet, sondern genauso weit auch beim Verhalten und Temperament der Tiere. Ein Zuchtziel der Wirtschaftsrassen war eine Verhaltensänderung, damit die Tiere im Stall auf engem Raum gehalten werden können. Besonders die alte Geflügelrassen, bei denen es sich noch um Zweinutzungsrassen handelt, stehen im Gegensatz zum Wirtschaftsgeflügel den Wildformen sehr nahe. So sind z.B. Rangkämpfe viel ausgeprägter. Hinzu kommt, dass das Rassegeflügel mit seinem agilen Bewegungsdrang nur die Freilandhaltung kennt. Diese Faktoren bedeuten für eingestalltes Rassegeflügel einen großen Stress und führen zu einer Immunsuppression. Selbst bei einer peinlichen Hygiene kommt es bei der Aufstallung zu einer

---

[23] WESTFÄLISCHE NACHRICHTEN, URL: http://www.wn.de/Muensterland/Kreis-Steinfurt/Steinfurt/2607793-Angst-vor-der-Vogelgrippe-Gefluegel-Stallpflicht-in-14-Kommunen (Mo., 21.11.2016).

Konzentration der Erreger, was gemeinsam mit der Immunsuppression zu häufigen Todesfällen kommt.

Das große Problem einer bundesweiten Aufstallung sehen wir vor allem auch im Ausstiegszenario. Ein Ausstieg kann durch die Größe und geographischen Gegebenheiten der Bundesrepublik sehr unterschiedlich erfolgen. Es ist aus den oben genannten Gründen für unsere Zuchten sehr wichtig, dass ein risikoorientierter Ausstieg in den einzelnen Regionen und Ländern möglichst rasch vollzogen werden kann und risikoarme Regionen keine Stallpflicht verhängen müssen.

Dr. Michael Götz,

Beauftragter für Tier- und Artenschutz im BDRG[24]

Obwohl das Geflügel aufgestallt war, ist die „Vogelgrippe" bisher – was die Geflügelhaltung betrifft – nur in Mast- bzw. Geflügelbetrieben nachgewiesen. Das spricht auch nicht gerade für eine Aufstalltung von kleinen Geflügelbeständen.

Geflügelpest

110.000 Vögel in Niedersachsen getötet

In den meisten deutschen Bundesländern ist die Vogelgrippe nachgewiesen worden. Allein in einem kleinen Gebiet im Landkreis Cloppenburg müssen 110.000 Nutzvögel getötet werden.

Insgesamt fast 110.000 Puten und Hühner werden in Niedersachsen nach einem ersten Vogelgrippe-Fall getötet. Nach der Keulung von 16.000 Puten in einem Mastbetrieb werde nun die Tötung von 92.000 Hühnern zweier benachbarter Geflügelbetriebe vorbereitet, sagte Sabine Uchtmann, Sprecherin des Landkreises Cloppenburg, am Donnerstag.

Die derzeit kursierende H5N8-Variante war am Mittwoch in dem Mastbetrieb in Barßel nachgewiesen worden. Zwölf Bundesländer haben inzwischen Virusnachweise bei toten Wildvögeln gemeldet, vier der Länder zudem bei Geflügelhaltungen.

Nach Angaben des Zentralverbandes der Deutschen Geflügelwirtschaft ist Niedersachsen das Bundesland mit dem größten Geflügelbestand. Der Landkreis Cloppenburg ist einer der Schwerpunkte. Nach Angaben des Landkreissprechers werden dort rund 13,2 Millionen Nutzvögel gehalten.

Sperrbezirk

---

[24] Position des Bundes Deutscher Rassegeflügelzüchter (BDRG) zu einer bundesweiten Stallpflicht, URL: https://www.bdrg.de/ausnahmeantrag-stallpflicht-fuer-ziergefluegel.

Wie das Virus in die Ställe in der Gemeinde Barßel gelangen konnte, war zunächst unklar. Um den Betrieb wurden ein Sperrbezirk und ein Beobachtungsgebiet eingerichtet.

„Im Sperrbezirk befinden sich 75 geflügelhaltende Betriebe mit insgesamt rund 270.000 Tieren. Im Beobachtungsgebiet sind 134 Betriebe mit rund 885.000 Tieren betroffen", sagte Uchtmann. In den Unternehmen würden nun Untersuchungen gemacht und Proben genommen. …

Stallpflicht

Die Behörden versuchen, mit der Tötung infizierter Tiere die Ausbreitung aufzuhalten. Zudem werden Stallpflichten angeordnet; Geflügelhalter sind aufgefordert, an den Stalleingängen die Kleidung zu wechseln und Schuhe sowie Hände zu desinfizieren.

Das H5N8-Virus verbreitet sich durch den Kot und andere Ausscheidungen von infizierten Vögeln.

Vogelgrippe-Erreger treten in mehreren Varianten auf, die unterschiedlich ansteckend und tödlich sind. Einige können auch Menschen infizieren und Erkrankungen auslösen. H5N8 gehört nach bisherigem Kenntnisstand – anders als etwa H5N1 – aber nicht dazu.

Eine Übertragung der Viren auf Menschen etwa über Geflügelfleisch oder Eier aus dem Handel gilt nach Angaben der Behörden als theoretisch möglich, aber unwahrscheinlich. Infektionen auf diesem Weg sind nicht bekannt. Sie resultieren in aller Regel aus engem direktem Kontakt zu kranken Vögeln.

Auch in den meisten anderen Bundesländern war in den vergangenen Tagen das H5N8-Virus bei Vögeln nachgewiesen worden; Massenkeulungen waren erforderlich.[25]

Vogelgrippe und Geflügelpest – Risiko für Mensch und Tier?

Die klassische Hühnerpest ist eine besonders schwer verlaufende Form der Aviären-Influenza (Vogelgrippe). Sie wird durch ein Influenza-A-Virus verursacht, das in der klassischen Form überwiegend Hühner und Puten anfällt. Auch andere Geflügelarten können befallen werden, jedoch ist bei ihnen der Verlauf der Krankheit nicht so rasant und weniger schwerwiegend. Bei Hühnern und Puten führt die Krankheit nach wenigen Tagen zum Tod. Das Hühnerpestvirus ist im Höchstmaß ansteckend und breitet sich schnell aus. Besonders aggressiv sind die Stämme des Subtyps H5 und H7. Sie verfügen über hochgradig pathogene (krankmachende) Eigenschaften.

---

[25] SPIEGEL ONLINE, URL: http://www.spiegel.de/wissenschaft/natur/vogelgrippe-h5n8-92-000-huehner-in-niedersachsen-getoetet-a-1122982.html (Donnerstag, 24.11.2016 17:43 Uhr, boj/dpa).

Die anderen zur Zeit bekannten Errerger (etwa 16 Subtypen) sind nicht so aggressiv und führen zu dem milderen, als Vogelgrippe bekannten, Krankheitsbild. In Ballungsgebieten für Vögel, wie Geflügelfarmen, Ausstellungen oder auf Märkten ist das Risiko für den Ausbruch einer Seuche besonders hoch. Kommen eine hohe menschschliche Populationsdichte und vor allem schlechte hygienische Bedingungen hinzu, ist eine Kombination mit einem Influenzavirus des Menschen sehr wahrscheinlich. Die seit 2004 in Asien grassierende Vogelgrippe hat einen Influenza-A-Virus vom Subtyp H5 N1 hervorgebracht, der scheinbar seinen Ursprung in Thailand hat und sich schnell in China ausbreitete. Das Virus konnte in der Zwischenzeit auch beim Schwein nachgewiesen werden. Da das Schwein sich sowohl mit Influenzaviren vom Geflügel als auch mit jenen des Menschen infizieren kann, gilt es als Mischgefäß, um neue Stämme durch Verbindung mit verschiedenen Virussubtypen zu erzeugen. Dies ist möglicherweise schon einmal bei der großen Pandemie von 1918 (Spanische Grippe) geschehen. Durch Streifengänse wurde der Erreger nach Russland verschleppt und konnte bis zum Ural vordringen. Momentan breitet er sich durch Zugvögel weiter aus. Seit August 2005 befindet sich die Vogelgrippe auf dem Vormarsch in Richtung Europa. Am 13. 10. 2005 kamen die ersten offizillen Nachrichten, dass das H5-N1-Virus in Geflügelbeständen der Türkei nachgewiesen werden konnte, und somit das Virus nun auch Europa erreicht hat. Der Erreger, der in Asien schon 50 Todesfälle beim Menschen gefordert hat, konnte auch bei zwei Katzen nachgewiesen werden. Influenza tritt bei Menschen, Pferden, Rindern, Schweinen und Hunden auf. Das Virus hat bisher jedoch nicht die Artenbarriere übersprungen. Die nachgewiesenen Fälle in China beruhen wahrscheinlich auf einem sehr hohen Infektionsdruck und auf schlechten hygienischen Verhältnissen. Dieses Verhalten des Virus könnte jedoch besorgniserregend werden, weil durch schnelle Mutation eine Anpassung an eine Vielzahl von Wirten zu einer schnellen Ausbreitung der Krankheit führen könnte. …

Krankheit
Die Inkubationszeit bei den hoch akuten Fällen der Hühnerpest beträgt nur 18 bis 36 Stunden mit deutlichem Rückgang der Wasser- und Futteraufnahme. Die Legeleistung fällt aus, und es treten plötzliche Todesfälle auf. Bei weniger akuten Fällen treten nach einer Inkubationsphase von 3 - 7 Tagen Fressunlust, wässriger Durchfall, Kropf-, Kamm- und Gliedmaßenschwellungen auf. Entzündungen der oberen Atemwege, wie Bindehautentzündung sowie Veränderungen in den Nasenhöhlen, Nebenhöhlen, Bronchien, Luftsäcken und Lungen, sind zu beobachten.

Diagnose
Die Diagnose kann nur vom Tierarzt oder Pathologen gestellt werden. Abgesehen von den klinischen Anzeichen können Erregernachweis, spezi-

elle Bluttests (Serologie : HAH-, AGP und Neuraminidase-Test) und ana-
tomisch-histopathologische Untersuchungen durch einen erfahrenen Vete-
rinärpathologen zur Diagnosestellung führen.

Therapie
Die erkrankten Tiere müssen alle getötet und die Tierkörper seuchenhygie-
nisch verbrannt werden!
Beim Menschen können mit Hilfe moderner Virustatika, die gegen Influenzaviren wirksam sind, schwere Erkrankungen während einer Epidemie
verhindert werden. Hierzu ist eine tägliche Einnahme von Medikamenten
notwendig. Praktische Erfahrungen während einer Epidemie fehlen jedoch,
so dass keine zuverlässigen Daten vorhanden sind, da die Medikamente
erst sehr kurz auf dem Markt verfügbar sind. Eine Impfung ist gegen das
neue Vogelgrippevirus für den Menschen in der Entwicklung. Ein spezielles Serum ist zurzeit jedoch nicht auf dem Markt.

Vorbeugung
Vogelbestände müssen abgeschirmt werden! Zugluft im Stall ist zu ver-
meiden!
An einer Impfung wird zur Zeit geforscht. Bisher ist sie ist nach dem Euro-
päischen Seuchenrecht rechtswidrig. Dies beruht auf der Grundlage verschiedener wissenschaftlicher Untersuchungen, die belegen, dass ein gegen
Geflügelpest geimpftes Tier zwar nicht erkrankt, dass sich aber das Virus
im geimpften Vogel vermehrt und von diesem ausgeschieden wird. Das
kann zu einer Ausbreitung des Virus und somit der Krankheit führen.
Das Ziel der Bekämpfung einer Seuche ist es, den Erreger zu vernichten ![26]

Es gibt wohl (noch) keine Impfmöglichkeit gegen die Geflügelpest.

Während einer Radtour am 29.11.2016 habe ich bewusst darauf geachtet,
ob sich Geflügelhalter im Landkreis Osnabrück an die Stallpflicht halten.
Ich konnte feststellen, dass die Stallpflicht nicht unbedingt beachtet wird.
So liefen z.B. in einem Außengehege Hühner und Gänse ohne Schutzvorrichtung gegen die „Vogelgrippe" frei herum.

---

[26] tierklinik.de, URL: http://www.tierklinik.de/medizin/infektionskrankheiten/ virusin-
fektionen/vogelgrippe-und-gefluegelpest-risiko-fuer-mensch-und-tier.

Impfpflicht gegen die Newcastle Disease (Newcastle-Krankheit, auch atypische Geflügelpest)

Nach der Bescheinigung des Hühnerhändlers „**Letzte Pest-Impfung: 12.07.2016, Nachimpfung 3 Monate später**" wäre im Oktober 2016 eine Nachimpfung der Hühner fällig gewesen.

Newcastle Disease

Was ist Newcastle Disease?
Die Newcastle Disease (Newcastle-Krankheit) ist eine hochansteckende Viruskrankheit von Hühnern und Puten, aber auch andere Vogelarten (z.B. Enten, Gänse, Straußen oder Tauben) sind empfänglich, können das Virus in sich tragen, verbreiten und unter Umständen auch selbst erkranken.
Für Verbraucherinnen und Verbraucher ist die Newcastle-Krankheit nicht gefährlich – selbst Fleisch und Eier von infiziertem Geflügel können ohne Bedenken verzehrt werden.
Die Newcastle-Krankheit richtet nicht nur bei den erkrankten Tieren selbst großen Schaden an. Sie führt auch zu schweren wirtschaftlichen Folgen für Tierhalter und ganze Regionen. Betroffene Tierbestände müssen sofort getötet werden, großräumige Sperren um den Seuchenherd werden errichtet. Aufgrund von Handelsbeschränkungen kommt es zu schwerwiegenden Problemen im Absatz von Tieren und ihren Produkten auf dem Markt.

Wie erkennt man die Newcastle-Krankheit?
Die Newcastle-Krankheit ist hochansteckend. Die Zeit von der Infektion bis zum Auftreten der ersten Krankheitsanzeichen beträgt ca. drei bis sechs Tage. Besonders auffällige erste Anzeichen für eine Erkrankung sind:
- drastischer Rückgang der Legeleistung
- dünnschalige bis schalenlose Eier
- wässriges Eiklar
- dünnflüssiger, grünlichgelber Kot, der z.T. mit Blut durchmischt ist

Bei rascher Ausbreitung innerhalb der Herde treten Todesfälle ohne vorher sichtbare Symptome auf. Die Todesrate erkrankter Tiere beträgt bis zu 100%.
Bei leicht verzögertem Verlauf überwiegen folgende Symptome:
- hochgradige Apathie
- gänzliches Verweigern von Futter- und Wasseraufnahme
- Atemnot
- geschwollene Augenlider
- bläulich verfärbte Kämme

Tiere, die diese erste Krankheitsphase überlebt haben, fallen später durch Lähmungen der Bein- und Flügelmuskulatur sowie Halsverdrehen auf. …

Was tun gegen die Newcastle-Krankheit?
Für die Newcastle-Krankheit gibt es in der Bundesrepublik Deutschland eine Impfpflicht. Alle Halter/innen müssen ihre Tiere regelmäßig gegen den Erreger impfen lassen. Dies gilt auch für Hobbyhaltungen von ein oder zwei Tieren. Die Newcastle Krankheit kann selbst in kleinsten Geflügelhaltungen zur Gefahr für ganze Regionen werden.
Idealerweise sollte mit der Impfung bereits im Kükenalter begonnen werden, um eine ausreichende Immunität zu erreichen. Die derzeit auf dem Markt vorhandenen Impfstoffe lassen sich sowohl über das Trinkwasser als auch in Form eines Sprays anwenden. Auf diese Art und Weise können zeitgleich viele (alle) Tiere geimpft werden. Aber auch Impfstoff zur Einzeltierbehandlung ist erhältlich, der in Tropfenform in die Augen und Nasenlöcher der Tiere eingegeben wird.
Die unterschiedlichen Impfstoffe sind über den Tierarzt in unterschiedlichen Dosisgrößen zu beziehen. Mit einer Flasche Impfstoff lassen sich zwischen 1000 und 10.000 Tiere behandeln. Dabei ist auch bei Tierhaltern mit weniger als 1000 Tieren darauf zu achten, den gesamten Impfstoff im Trinkwasser oder in einem Spray aufzulösen.
Sollte trotzdem ein Verdacht auf Newcastle-Krankheit bestehen, muss dies sofort dem zuständigen örtlichen Veterinäramt mitgeteilt werden, denn die Newcastle-Krankheit ist eine anzeigepflichtige Tierseuche. Verdächtig sind Krankheitserscheinungen, die bei mehreren Hühnern oder Puten gleichzeitig oder in kurzen Abständen mit ähnlichen Anzeichen auftreten. Zur Überprüfung des Verdachtes auf Newcastle-Krankheit entnehmen die Veterinärbehörden Proben. Diese werden zur Untersuchung in spezielle amtliche Labore gebracht. Bestätigt sich der Verdacht nach der Untersuchung der Proben, werden vor Ort Maßnahmen für den Seuchenbetrieb, einen 3 km großen Sperrbezirk und ein 10 km großes Beobachtungsgebiet angeordnet.
Da der Mensch die Seuche übertragen kann, gilt: im Seuchengebiet unbedingt an die amtlichen Maßnahmen halten, um ein Ausbreiten der Seuche zu verhindern.
Vorsicht ist besser als Nachsicht: Schon beim geringsten Verdacht auf die Newcastle-Krankheit unbedingt den Tierarzt/die Tierärztin informieren! Denn ein nicht geäußerter Verdacht kann verheerende Folgen haben, ein unbegründet geäußerter hat dagegen keine.[27]

---

[27] Nds. Landesamt für Verbraucherschutz und Lebensmittelsicherheit, URL: http://www.tierseucheninfo.niedersachsen.de/anzeigepflichtige_tierseuchen/gefluegelseuchen/newcastle_krankheit/newcastle-disease-21656.html (Stand: 22.01.2013).

Hühner: Impfung gegen Newcastle Disease ist Pflicht

Die Impfung gegen die für Geflügel tödliche Krankheit Newcastle Disease ist Pflicht. Doch die Halter kleiner Hühnergruppen haben Probleme, an passenden Impfstoff zu kommen. Auf dem Markt sind nur Mittel erhältlich, die für 1000 Tiere reichen.

Anlässlich des Ausbruchs atypischen Geflügelpest Newcastle Disease (ND) in Schweden Mitte Juni erinnert das Veterinäramt des Landkreises daran, dass die Impfung von Geflügel gegen diese Krankheit in Niedersachsen Pflicht ist. …
In Deutschland herrscht eine per Gesetz vorgeschriebene Impfpflicht gegen diese Krankheit. …

Impfen ja – doch mit welchem Impfstoff?
Die Kreisverwaltung kündigt an, in den kommenden Tagen Geflügelhalter hier im Landkreis im Rahmen einer niedersachsenweiten Überprüfung anzuschreiben. „Es soll sichergestellt werden, dass die Impfpflicht von allen Hühner- und Putenhaltern, auch wenn sie nur zwei oder drei Tiere haben, eingehalten wird," heißt es in der Mitteilung. …
Doch eine Nachfrage bei Tierärzten ergab, dass es für den Halter einer kleiner Hühnerschar praktisch unmöglich ist, Impfstoff zu bekommen, der auf die Anzahl der eigenen Hühner berechnet ist. Zugelassen sind laut Auskunft mehrerer Tierärzte lediglich Impfstoffe, die in Dosen für 1000 Tiere abgegeben werden. …
Dazu kommt, dass viele Tierärzte in der Region mit der Impfung und Behandlung von Hühnern nicht vertraut sind. Auch sie müssen erst mühselig recherchieren, welche Mittel die geeignetsten sein könnten. Wir haben bisher lediglich einen Tierarzt in Breselenz geortet, der sich auf die Impfung und Behandlung von Hühnern versteht. Doch auch hier bekamen wir die Auskunft, dass der Impfstoff für Newcastle Disease lediglich in einer 1000er-Dosierung erhältlich ist.
Was bleibt den Haltern von kleinen Hühnergruppen also übrig? 1. Gemeinschaften zum Einsatz von Impfmitteln gründen, 2. den eigenen Tierarzt unter Druck setzen, sich mit der Behandlung von Hühnern zu beschäftigen oder 3. – die Hühnerhaltung aufgeben.

Letzteres will aber wohl niemand.

Der Fachdienst Veterinärwesen und Verbraucherschutz beim Landkreis ist bei der Lösung dieser Probleme auch hilflos. „Wir müssen die Vorgaben des Landes umsetzen," so Nicole Henke-Büdenbender vom Veterinäramt. Aber sie ist sich über die praktischen Probleme sehr bewusst. „Mit dem

Hinweis auf die Impfpflicht hoffen wir auch, dass sich bei den Tierärzten etwas tut." ...[28]

Um dieser Impfpflicht nachzukommen, habe ich in einer Kleintierarztpraxis angerufen. Offenbar war eine Helferin am Telefon, die erst mal Rücksprache nehmen wollte. Deshalb habe ich – um das Verfahren abzukürzen – am 02.11.2016 eine E-Mail an diese Kleintierarztpraxis mit folgendem Text übersandt:

Impfung gegen die Newcastle Disease (Newcastle-Krankheit Hühner)
Von: Hunsicker, Ernst
An:
Anrede,
ich benötige das entsprechende Medikament, das über das Trinkwasser der Hühner verabreicht wird.
Kann ich bei Ihnen das Rezept erhalten?
Mit freundlichen Grüßen
Ernst Hunsicker
Bad Iburg

Antwort aus der Kleintierarztpraxis vom 02.11.2016:

Guten Tag
ich behandle keine größeren Hühnerbestände.
Ich darf Ihnen für Ihre Tiere nicht Medikamente verschreiben, wenn ich Sie nicht kenne, bzw. Ihre tiere bei mir In Behandlung sind
Mfg
Dr. ...

Ich noch einmal am 02.11.2016 an diese Kleintierarztpraxis:

Anrede,
ich halte lediglich 4 Legehühner im Garten hinter meinem Haus, für die eine gesetzlich vorgeschriebene Impfung durchzuführen ist.
Um der Newcastle Disease vorzubeugen, benötige ich Nobilis® Ma5 + Clone 30.
Ich komme gerne in Ihre Praxis, um – auch unter Vorlage meines Personalausweises – das Rezept abzuholen.
Mit freundlichem Gruß
Ernst Hunsicker

---

[28] THEMA: LANDWIRTSCHAFT, URL: http://wendland-net.de/post/huehner-impfung-gegen-newcastle-disease-ist-pflicht-46054 (2014-07-21; von Angelika Blank in Lüchow-Dannenberg, Deutschland).

Danach hat sich diese Kleintierarztpraxis, die offenbar überfordert ist, nicht mehr gemeldet.

Deshalb ein weiterer Versuch am 24.11.2016 in einer Tierärztlichen Gemeinschaftspraxis:

Impfstoff gegen Newcastle-Krankheit (atypische Geflügelpest) – (Stamm Clone 30)-Lebendimpfstoff, gefriergetrocknet
Von: Hunsicker, Ernst
An:
Anrede
ich muss meine vier Legehühner, die ich im Garten halte, gegen die im Betreff genannte Krankheit impfen. Kann ich von Ihnen ein Rezept für diesen Impfstoff, der rezeptpflichtig ist, erhalten?
Mit freundlichen Grüßen
Ernst Hunsicker
49186 Bad Iburg, Rottstr. 35 B

Danach hatte ich am 28.11.2016 ein Telefonat mit einem kompetenten Tierarzt. Dieser wies auf einen geeigneten Impfstoff hin, der nur einmal pro Jahr verabreicht werden muss. Dieser Tierarzt bestellt diesen Impfstoff für mich und weitere Hobbyhühnerhalter, sodass sich die Bezahlung des Impfstoffes mit ca. 15,00 € pro Hühnerhalter in Grenzen hält.

Nach Erhalt des Impfstoffes komme ich der Impfpflicht nach.

Die Gesetzgebung ist gefordert. Es darf nicht sein, dass die Halter kleiner Geflügelbestände „von Pontius zu Pilatus laufen" müssen, um an den Impfstoff gegen die Newcastle Disease zu kommen. Dieser Impfstoff könnte doch auch in kleineren Dosen angeboten werden.

Impfungen beim Rassegeflügel

Gegen eine Krankheit, die Newcastle-Krankheit oder atypische Geflügelpest ist die Impfung gesetzlich für alle Bestände mit Hühner und Puten vorgeschrieben! Und noch ein Punkt ist in diesem Zusammenhang sehr wichtig: Je mehr Tiere einer Population geimpft sind, desto weniger haben Krankheitserreger die Möglichkeit, sich auszubreiten und Tiere zu befallen, die noch zu jung zum Impfen sind oder wegen irgendwelcher Umstände nicht geimpft werden können. Außerdem wird Geflügel in der Regel nicht ganzjährig im Stall gehalten, sondern erhält zumindest in der warmen Jahreszeit Auslauf, so dass Kontakt mit Wildvögeln möglich wird.

Diese sind in keinem Fall geimpft sind und daher ein unerschöpfliches Reservoir für Infektionserreger.

Die viertel-, halb- oder jährliche Wiederauffrischungsimpfung ist erforderlich, da die Fähigkeit, Antikörper zu bilden, mit der Zeit nachlässt und der Körper wieder an diese Fähigkeit „erinnert" werden muss.[29]

---

[29] Dr. med. vet. Micaela Peters, prakt. Tierärztin, Kleintierpraxis am Hafen, 27472 Cuxhaven, URL: http://www.kleintierpraxis-am-hafen.de/voegel/impfungen-rassegefluegel.html.

Kapitel 10
„Mehrwert" durch „Gartenhühner"

Glückliche „Gartenhühner" machen auch Menschen, die sie versorgen und pflegen, glücklich. Es macht einfach Spaß, die Hühnerschar – mit oder ohne Hahn – zu beobachten, wenngleich ein Hahn auch das Gesamtbild aufwertet.

Foto: November 2016

Naturbank „Freedenblick"

Ich sitze häufig auf meiner Naturbank „Freedenblick"[30] und beobachte die Hühner, die sich dann mit Vorliebe in meiner Nähe aufhalten.

---

[30] „Der **Freeden** (auch: Freden) ist ein vornehmlich mit Buchen bestandener Berg im Gebiet der Stadt Bad Iburg in Niedersachsen. Er besteht aus dem 269 Meter hohen Großen Freeden und dem Kleinen Freeden (200 Meter). Er ist Teil des Teutoburger Walds. Von herausragender Bedeutung ist der Berg wegen der Massenblüte des Hohlen Lerchensporns im Frühjahr. Wenn der Freeden blüht, ist er Ende März und Anfang April Anziehungspunkt von Naturliebhabern und Touristen. … " Freeden (Berg) – Wikipedia, URL: https://de.wikipedia.org/wiki/Freeden_(Berg).

Foto: November 2016

Meine Legehennen vor der Naturbank „Freedenblick"

Stimme aus dem Internet (Netz):

„Fazit

Von Hühnern können wir soviel lernen. Sie zeigen, wie man mit den Jahreszeiten lebt, wie man die Natur genießt und noch vieles mehr. Wer schon einmal gedankenverloren ein paar Stunden lang Hühner beobachtet hat, der weiß, dass das wie eine Therapie für die Seele ist.
Wir lieben unsere Hühner. Sie symbolisieren für uns die Möglickeit, mit den Gewohnheiten zu brechen und sich bewußt und intensiv mit Nahrungsmitteln und deren Erzeugung auseinanderzusetzen. Eier von glücklichen Hühner zu essen ist ein Genuss."[31]

---

[31] **Glückliche Hühner machen glücklich**, URL: http://www.christoph-dengler.de/huehner/ (8. September 2016).

Stichwörter

Anhang

Autobiografien sowie Fach- und Sachbücher/Broschüren

von *Ernst Hunsicker*

Autobiografien

<u>Highlights</u>: Authentische Polizei- und Kriminalgeschichten –
Von der Polizeischule (1962) bis zur Pensionierung (2004) und die Zeit danach – 2. Auflage,
GRIN Verlag (2011), 231 Seiten, 24,99 €* (Buch), 14,99 €* (eBook),

Geschichten aus dem Polizei- und Kriminaldienst von 1962 bis 2004 –
Authentische <u>Highlights</u> von der Polizeischule bis zur Pensionierung in Wort und Bild,
disserta Verlag (2014), 233 Seiten, 44,99 €* (Buch),

Authentische Polizei- und Kriminalgeschichten. <u>Teil 1</u> –
Stationen und Situationen mit Bildern aus einem langen Berufsleben:
1962 bis Mai 1988, <u>2. Auflage</u>,
GRIN Verlag (2015), 194 Seiten, 29,99 €* (Buch), 19,99 €* (eBook),

Authentische Polizei- und Kriminalgeschichten –
Stationen und Situationen mit Bildern aus einem langen Berufsleben –
<u>Teil 2</u> (Juni 1988 bis 1996),
GRIN Verlag (2008), 184 Seiten, 27,99*€ (Buch), 17,99 €* (eBook),

Geschichten aus dem Polizei- und Kriminaldienst von 1988 bis 1996 –
Authentisches in Wort und Bild – <u>Teil 2,</u>
disserta Verlag (2014), 180 Seiten, 44,99 €* (Buch),

Authentische Polizei- und Kriminalgeschichten –
Stationen und Situationen mit Bildern aus einem langen Berufsleben –
<u>Teil 3</u> (1997 bis 2004 und die Zeit danach),
GRIN Verlag (2009), 204 Seiten, 27,99 €* (Buch), 17,99 €* (eBook),

Geschichten aus dem Polizei- und Kriminaldienst von 1997 bis 2004 –
Authentisches in Wort und Bild – <u>Teil 3,</u>
disserta Verlag (2014), 200 Seiten, 44,99 €* (Buch),

Authentische Polizei- und Kriminalgeschichten –
Stationen und Situationen mit Bildern aus einem langen Berufsleben –
<u>Teil 4</u> (Nachträge von 1962 bis 2009),
GRIN Verlag (2009), 53 Seiten, 9,99 €* (Buch), kostenlos (eBook), 0,99 €* (Druckversion eBook),

Kindheits- und Jugenderinnerungen –
Ein Lebensabschnitt im exemplarischen Kontext mit historischen Ereignissen,
GRIN Verlag (2011), 217 Seiten, 29,99 €* (Buch), 19,99 €* (eBook),

Erinnerungen an Kinder- und Jugendjahre in Wort und Bild –
Eine Zeit im Kontext mit historischen Ereignissen,
disserta Verlag (2014), 224 Seiten, 44,99 €* (Buch).

Geowissenschaften/Geographie –
Fremdenverkehrsgeographie (Radfahren)

Radfahren in der Region Osnabrück – Münster – Bielefeld – Gütersloh –
Illustrierte sowie kommentierte Erlebnisse und Beobachtungen, 2. überarbeitete
und ergänzte Auflage,
GRIN Verlag (2016), 240 Seiten, 29,99 €* (Buch), 19,99 €* (eBook),

Radtouren durch das Osnabrücker Land, das Münsterland und Ostwestfalen –
Illustrierte sowie kommentierte Erlebnisse und Beobachtungen unter Einbezie-
hung von Umweltschutzaspekten,
Diplomica Verlag (2014), 206 Seiten, 29,99 €* (Buch).

Monografien: Präventive Gewinnabschöpfung

Die Präventive Gewinnabschöpfung (PräGe) im Überblick,
GRIN Verlag (2014), 33 Seiten, 9,99 €* (Buch), 6,99 €* (eBook),

Präventive Gewinnabschöpfung (PräGe) –
Entscheidungssammlung in Volltexten (Sammelband), 3. Auflage,
GRIN Verlag (2014), 327 Seiten, 34,99 €* (Buch), 24,99 €* (eBook),

Sammlung von Gerichtsentscheidungen zur Präventiven Gewinnabschöpfung
(PräGe) –
Volltexte, Leitsätze, Stichwörter und mehr
disserta Verlag (2014), 327 Seiten, 34,99 €* (Buch),

Verfassungsmäßigkeit der Präventiven Gewinnabschöpfung (PräGe) –
Beurteilung der Verfassungsmäßigkeit unter Einbindung der BVerfG-
Entscheidung zum erweiterten Verfall (§ 73d StGB) und der einschlägigen Recht-
sprechung (PräGe),
GRIN Verlag (2009), 35 Seiten, 9,99 €* (Buch), 0 €* (eBook),

Ländervergleich: Präventive Gewinnabschöpfung (PräGe) –
Rechtsgrundlagen, Rechtsprechung, Entwicklung und Stand in Deutschland –
Vergleichbare Rechtsgrundlagen in Österreich und in der Schweiz?,
GRIN Verlag (2009), 97 Seiten, 12,99 €* (Buch), 7,99 €* (eBook),

Präventive Gewinnabschöpfung (PräGe) in Theorie und Praxis –
Sicherstellung, Verwahrung von Verwertung von Gegenständen und (Bar-)Geld
aus Gründen der Gefahrenabwehr in Kooperation von Polizei, Staatsanwaltschaft
und Kommune (Osnabrücker Modell) – Arbeitshilfe – , **3. Auflage**,
Verlag für Polizeiwissenschaft (2008), 175 Seiten, 14,90 €* (Buch).

Kriminologie, Kriminalistik und Kriminalitätskontrolle

**Kriminologische Regionalanalysen in der Stadt Osnabrück für die Jahre 1996/97,
2002/03 und 2007/08 –
Problemkreise, Lösungsansätze, Umsetzungen und Wirkungen als Grundlagen für
den Förderpreis der „Stiftung Kriminalprävention" (Städtepreis 2009),**
GRIN Verlag (2010), 129 Seiten, 14,99 €* (Buch), 9,99 €* (eBook),

**Kriminalitätskontrolle am Beispiel der Stadt Osnabrück –
oder: Ein beruflicher Lebensabschnitt für Prävention und Repression (1988 bis
2004),**
GRIN Verlag (2011), 255 Seiten, 29,99 €* (Buch), 19,99 €* (eBook),

**Bevölkerungs- und Kriminalitätsentwicklung für die Zeiträume zwischen 1960
und 2060 –
Retrograde Erfassung und Auswertung, Prognosen sowie „statistische Tendenzen"
für Deutschland, die Bundesländer Bayern, Brandenburg, Niedersachsen und
Sachsen-Anhalt, die Millionenstädte Berlin, Hamburg und Köln**, Wissenschaftliche
Studie,
GRIN Verlag (2013), 237 Seiten, 44,99 €* (Buch), 34,99 €* (eBook),

**Entwicklung der Bevölkerung und der Kriminalität von 1960 bis 2060 für
Deutschland, ausgewählte Bundesländer und Millionenstädte –
Retrograde Erfassung und Auswertung, Prognosen sowie „statistische Tenden-
zen",**
Diplomica Verlag (2014), 232 Seiten, 44,99 €* (Buch),

**Schengener Abkommen (1985), Schengener Durchführungsübereinkommen (1990)
und Schengen-Reform (2013) –
Ausgegrenzt durch Grenzkontrollen?**
GRIN Verlag (2013), 27 Seiten, 12,99 €* (Buch), 9,99 €* (eBook).

Wissenschaft / Technik

**Kooperation zwischen der MEYER WERFT (Papenburg) und den Betreibern der
Magnetschwebebahn Transrapid (Lathen/Dörpen) –
Visionäre Gedankenspiele oder blanke Utopie?,**
GRIN Verlag (2012), 71 Seiten, 14,99 €* (Buch), 9,99 €* (eBook).

Politik

**Geheim- und Nachrichtendienste aus dem In- und Ausland in der Kritik –
Erhebung, Fakten, Stellungnahmen und Bewertungen,**
GRIN Verlag (2014), 87 Seiten, 24,99 €* (Buch), 14,99 €* (eBook).

**Migranten, Asylsuchende und Flüchtlinge –
Politische Dimension / Spektrum an Straftaten: Opfer und Täter,**
GRIN Verlag (2016), 200 Seiten, 29,99 €* (Buch), 19,99 €* (eBook).

Sonstiges

Pannen, Skandale und Affären? – Die Polizei im Blickpunkt der Öffentlichkeit,
GRIN Verlag (2014), 32 Seiten, 9,99 €* (Buch), 6,99 €* (eBook),

**Wie kann Deutschland seine Polizei vor Angriffen von Störern wirksam(er) schützen? –
Möglichkeiten, Grenzen und Forderungen, 2., überarbeitete & erweiterte Auflage,**
GRIN Verlag (2016), 117 Seiten, 12,99 €* (Buch), 7,99 €* (eBook).

Fachbücher mit *Ernst Hunsicker*

Entwicklung der kommunalen Kriminalprävention in Osnabrück seit 1989 (Seiten
945-961), in: Kriminalpolitik und ihre wissenschaftlichen Grundlagen – Festschrift für
Professor Dr. Hans-Dieter Schwind zum 70. Geburtstag,
Thomas Feltes, Christian Pfeiffer, Gernot Steinhilper (Hrsg.),
C.F. Müller, Verlagsgruppe Hüthig Jehle Rehm GmbH (2006), 1.204 Seiten, 298,00 €*,

Führung von V-Personen (Verdeckte Ermittlungsmaßnahmen – VEM 4),
in: KRIMINALISTEN-FACHBUCH (KFB) – Kriminalistische Kompetenz, 16 Seiten,
Verlag Schmidt-Römhild, erscheint überarbeitet/aktualisiert als KFB-App (über BDK
Shop für BDK-Mitglieder, App Store Apple, Google Play),

**Das ressortübergreifende Präventionsmodell Osnabrück –
Initiativfunktion von Seiten der Polizei** (Seiten 189 ff.),
in: VEREINT GEGEN KRIMINALITÄT – Wege der kommunalen Kriminalprävention
in Deutschland, *Edwin Kube/Hans Schneider/Jürgen Stock* (Hrsg.),
Verlag Schmidt-Römhild (1996), 331 Seiten, 10,00 €*,

**Bürgerbefragungen zur subjektiven Sicherheit in Osnabrück –
oder: Ertrag und Wirkung von (kommunaler) Kriminalprävention** (Seiten 127 ff.),
in: Angewandte Kriminologie und Kriminalprävention;
Entwicklungen, Sachstand und Perspektiven,
Festschrift für *Dr. Joachim Jäger* zum 65. Geburtstag,
Schriftenreihe der Polizei-Führungs-Akademie,
Sächsisches Druck- und Verlagshaus AG (2003), 176 Seiten,

**Kriminologische Regionalanalyse Osnabrück 1996/97 zum Thema
„Mehr Sicherheit für uns in Osnabrück",**
Print & Media Center Wallenhorst, 250 Seiten (ohne Anlagen), zusammen mit *Bernhard Bruns, Martin Oevermann* und *Martin Ratermann* (Auflage vergriffen),
Kriminologische Regionalanalyse Osnabrück 2007/08 zum Thema **„Sicherheit und soziales Leben in Osnabrück",** 165 Seiten (ohne Anlagen), zusammen mit *Martin Oevermann, Manfred Rolfes, Wolfgang Wellmann, Wolfgang Zimmerer* und *Oliver Voges*, 15,00 €*.

---

*Die Bücher unterliegen der Preisbindung, sodass Preisänderungen möglich sind.